领导力的精进

新手领导如何带出一支高绩效团队

Your First Leadership Job

[美] 泰茜·白翰姆（Tacy M. Byham）
[美] 睿奇·威林思（Richard S. Wellins） 著
颜超凡 杨曼 译

中信出版集团 | 北京

图书在版编目（CIP）数据

领导力的精进：新手领导如何带出一支高绩效团队 /（美）泰茜·白翰姆，（美）睿奇·威林思著；颜超凡，杨曼译. -- 北京：中信出版社，2017.4（2025.12重印）

书名原文：Your First Leadership Job

ISBN 978-7-5086-7291-5

I. ①领… II. ①泰… ②睿… ③颜… ④杨… III. ①企业领导学 IV. ①F272.91

中国版本图书馆CIP数据核字（2017）第028970号

Your first leadership job: how catalyst leaders bring out the best in others by Tacy M. Byham,Richard S. Wellins

ISBN 978-1-118-91195-2(pbk)

领导力的精进：新手领导如何带出一支高绩效团队

著　　者：[美]泰茜·白翰姆　[美]睿奇·威林思

译　　者：颜超凡　杨　曼

出版发行：中信出版集团股份有限公司

（北京市朝阳区东三环北路27号嘉铭中心　邮编　100020）

承 印 者：北京通州皇家印刷厂

开　　本：880mm×1230mm　1/32　　印　　张：11　　字　　数：200千字

版　　次：2017年4月第1版　　印　　次：2025年12月第18次印刷

京权图字：01-2015-8273

书　　号：ISBN 978-7-5086-7291-5

定　　价：49.00元

献　辞

谨把这本书献给我美好的家庭。

爸爸和妈妈，在我还是小女孩时你们便让我尝试新事物，鼓励我接受新挑战，给我灌注好奇心，向我展示西宾夕法尼亚州以外的世界。你们给了我一对翅膀，使我可以追求任何吸引我注意的事业生涯——数学家、电脑科学家、艺术经纪经理、歌手——最终我选择了回家。爸爸，我很骄傲能跟随着您的脚步前进，我期待在下一个 45 年继续为比尔 · 白翰姆创建的智睿咨询（DDI）奋斗。妈妈，我在您身边学到了很多很多，您一直用心交流，满怀自豪地激励志愿者和社区领导们。于我而言，你们俩绝对是最棒的领导典范，很感谢能成为你们的孩子。

致儿子斯宾塞：你已经成长为如此出色的小伙子。每一天，你的幽默、讲故事的技巧和睡前的拥抱，无不令我备感愉悦。现在你 14 岁了，指不定哪天就会发现自己的能力。我很肯定，我已经迫不及待地想看到你向领导领域迈出第一步。希望到了那时，你会在这本书里寻得意见。

Tacy

距我上一本书出版，已经过了 10 年，主要原因是找不到真正想写的东西，而这本书让我全身心投入。

我想把这本书献给我的母亲，并纪念我的父亲。在我成长过程的不知不觉间，也许他们每天都在教我什么是领导力。

在本书出版之际，我刚好在DDI待了 36 年。所以，我也要把它献给我唯一的两位上司——比尔 · 白翰姆和鲍勃 · 罗杰斯（DDI前总裁）。他们不只是良师益友，还给了我学习、成长和贡献才华的自由。

我觉得自己真的非常幸运！

Rich

目　录

第二部分
精通掌握与领导力技能

中文版序

我们正处于一个比拼速度的时代。你若不能快速做出决定、定出方向，就注定被淘汰。而现在，面对全球性变革和不确定的未来，我们比以往任何时候都更需要做出关键的领导决策。

我们所经历的全球性新冠疫情，让我们失去了朋友及亲人。严格的旅行限制及隔离政策将面对面的工作环境转变成线上虚拟沟通。每一家企业、每一个人都在这场自二战以来最严重的经济衰退中挣扎。

就像2020年全球企业的高管团队一样，我们必须快速召集全球管理团队，拟定救急战略，稳定军心以挽回业务。企业中的各级领导者面对商业危机，在倒逼数字化、减少损失的同时需要创造新商机。这同样需要：速度、速度、速度。

危急时刻人们自然渴望领导者的引导和激励。比单单指望一位领导者角色更重要的，其实是每一个人在此刻能做什么，那就是“领导力”！我们需要理解团队成员内心的感受，同时快速应变维稳。

睿奇和我当初写这本书，是想带大家通过全新的视角观察领导力，我们称之为“催化剂领导力”。一位催化剂型领导者能够启发他人的行动。在今天的新工作环境下，催化剂型领导者能够引发流程与组织变革，释放创新力，甚至促成其他人的改变。“催化剂领导力”的核心在于：与人建立联系，而所有联系来自沟通对话。你相信吗？事实上，你的领导力和你一生的成败就取决于你与周遭人进行的数万次沟通对话。

我们一次又一次地不断听到读者很欣赏书里的领导力主张、实用的诀窍和例子，以及书中穿插的鼓励自我反省及强化技能的深度问题和检查清单。相信书中的这些内容与工具，能确保你每一次通过沟通对话与人成功联系在一起。我们承诺与你并肩作战，一起加油。

2020 年也是DDI 创立 50 周年，半个世纪以来全力支持领导者的成长，始终常伴左右，我们坚信唯有更好的领导者才能让我们拥有更好的未来。面对 2020 年全球疫情的考验，我们观察到领导力的渴望跨越文化与国界。危机为团队提供了机会，彼此互相支持时展现了非凡的力量、创新思维和人道主义精神。作为他们的领导者，这可能是你在一生的工作中能体验到的最强大和振奋的经历。

自从 2017 年春天本书的中文版问世，我们收到了来自许多领导者和人力资源工作者的热烈反响。

书里的很多建议和方法原本是针对个人贡献者转任领导者而写，然而我们发现中国许多读者已经担任领导者数年。从他们的反馈中可以看到，越是有经验、在带团队上常有挫折的领导者似乎越能受益。因为他们已经深刻理解：领导力不是天生的，学习有效的技能且不断练习绝对必要。

DDI自2003年进入中国至今，深觉荣幸能与优秀的组织与领导者们一起成长。中国的各行各业蓬勃发展，企业界充满活力，杰出的创业领导者逐渐在全球舞台上崭露头角，令人叹服。我们近年在中国的企业客户越发趋向多样，民企和国企占了很大比例，服务的行业更是拓展到大健康、新零售、信息科技、线上游戏、能源、金融业等领先企业。2020年的新冠疫情让中国的企业越挫越勇，更因此加速数字化转型，令全球艳羡。

DDI同样加入了数字化转型的行列，数年前已开始准备并推出在线领导力学习方案，将半世纪的研究与经验，转化为今天新世代领导者觉得有效及具有吸引力的课程。我们承诺持续创新，与中国的企业与领导者一同面向精彩的未来。

在此特别感谢中国读者对本书的热烈反馈：线上来自1万多位读者将近满分（99%）的好评，让我们可以感受到身为领导者的你渴望成长与突破的热情，令人动容。当快速变革成为新常态，对“催化剂领导力”的渴求恒久存在且越发强大。我们期望《领导力的精进》这本书能为促进中国企业优秀领导力的崛起贡献一份力量。

这本书属于每一位职场人。加油！

Tacy and Rich

2020年10月29日

序

领导力创造改变。

现在你可能并不理解这句话，但你很快就会明白。

我的整个职业生涯都在做银行业务，大部分生涯待在第五三银行（Fifth Third Bancorp），它在美国中西部和东南部的十几个州运营。银行业是个特别的行业，原因很多，而其中之一是：我们不用制造任何东西，我们的产品和竞争对手的完全一样。为了在竞争激烈的市场脱颖而出，我们需要把重点放在如何传递我们的价值上，并且通过我们的员工百分百去参与。

我相信领导力无处不在。它体现在你说话的语气里，而在很多交谈中，你必须完成一件简单又复杂的事——把人们引入你期望的愿景中。

但大多数人可能要到获得第一份领导工作的时候，才会思考这些。你是个厉害的专家，依靠自己的专业知识晋升到一个完全不同的职位。所以你摸索、尝试，因为没有人——除了DDI——会告诉你用什么方法来获得周围人们的最大承诺。

让我把时光稍稍倒转。我的第一份重要的领导工作，是解决一家企业面临的某个挑战，同时帮助领导者成长和发展。某天，我被叫去见上司的上司——副董事长，原来我要被调到一个与我的专长毫不相关的部门。

竟然有这种事！他让我放下人力资源方面的工作，负责一个更大的控股公司的运营。

我将要领导的那些人，不仅技术高超，而且非常专业、老练。当时我只有 30 多岁，有 3 个不足 10 岁的孩子。这是一个极具挑战性的部门，需要进行一些重大的变革，以面对新的绩效目标。

我迫不及待地跑去请教同事，以确保对该运营部门所面对的挑战做到心中有数。我感到焦虑，但还是接受了这项工作。我清楚自己的知识远远不及那些在该部门待了多年的员工，我迫切需要他们的指点。

从那一刻起，我发现自己必须依靠领导力。

我们做了许多事，都是聚焦于如何赢得人们的信任。我们采取了一些新方法，我们定期开会（有些团队有 15~20 人），我总是鼓励经理们聊他们已经完成的项目。事实上，他们可以吹嘘。然后，我会借着那些成就畅谈一番大伙儿如果拥有同样愿景可以做出什么事。听上去很简单，但这是关键的时刻。这些交谈成为获得信任、构建愿景、鼓舞士气的基石，而这段时间也帮助了我们每个人了解我们所思考的变革，会如何使我们在组织中得到认可。

我创造了一种展现方式，让大家都有表现的机会。

最终，我们完成了公司历史上最重要的一项变革：集中运营，成本削减 40%~50%，改善服务协议和交付质量，同时提高客户满意度。

所以，现在轮到你了。你会如何把握刚刚获得的机会?

在职业生涯早期，我从DDI学到了催化剂型领导力的概念，而这本书也将帮助你了解这一理念。你会发现催化剂型领导者如何点燃人们心中的火焰，赢得他们的承诺，进而提高生产力。迄今，我还未曾遇到过完美无瑕的管理者，我自己也从来不是。领导力需要勤加锻炼，并最终将带来莫大裨益——帮助人们实现他们的目标和梦想。

虽然我们从不同的角度接触到领导力，但假如你关注催化剂型领导力的目标并每天付诸实践，你将以令人讶异的方式让别人显露其最棒的一面。同样，你也能塑造最好的自己，并热爱自己所做的一切。

第五三银行公司副董事长兼首席执行官

凯文 · 卡巴特

前 言

我们决定写这本书时，其实是想透过全新的透镜检视领导力。毕竟，上一次我们进行谷歌搜索时，出现了3.92亿个关于领导力图书的条目——是烹饪书的2倍！不少领导力图书出自或主要描写世界上最伟大的思想家（孔子、马基雅维利或甘地等）的言行。而很多管理专家（比如，彼得·德鲁克、约翰·科特、汤姆·彼得斯、吉姆·柯林斯）已经出版了无数领导力方面的著作。所有这些，都提供了构成伟大领袖基因的著名故事、意见和做法。

而我们的书，在三个方面不同于以上这些著作：

肩负独特使命。给你实际的建议和工具，即便你是首次担任基层领导者，你也能大获成功。第一部分有9章，帮助你更好地理解如何成为杰出的领导者——那种激发人们行动的催化剂型领导者。这部分重点探讨一套基础技能，即我们所说的互动技能，以为你每天进行的各种沟通奠定基础。这些技能不仅可用于工作，还可以运用于家庭和任何社交场合。第二部分我们称之为精通掌握与领导技能，针对大量不同的重要技能提出建议——在你担任领导者的新角色中将会用到，包括指导和选拔新员工、促进敬业文化等。

无比丰富的经验。在过去的 40 多年间，DDI每年在全球遍及 26 个国家，帮助上万个企业客户培育了超过 25 万名领导者。书中的一切论述并非源于想象或理论，而是源于大量实践经验。

我们对积累的经验做出经过实践检验的深度证明。DDI根据重要的衡量标准，帮助无数企业客户充分展示我们的领导力实践与领导力原则之间的关系：提升技能、敬业度、安全记录以及生产力。我们绝不停留在过去的荣誉上，我们依靠的是业绩证据。

无论你将详细阅读本书，还是重点关注那些与你最相关的章节，只要你接受了我们提供的 3~4 条建议，就已经达到了目的。从许多方面看，这本书可以视为典型领导力书籍和烹饪书的混合体，我们提供经过厨房验证的食谱，而由你去下厨做菜！

Tacy
Rich

推荐语

我的办公桌上每年都堆满了关于领导力的书，但这一本无疑是这么长时间以来我读过的最实际、最详细和最有用的。白翰姆和威林思非常了解现实世界中对于领导者成长最起作用的因素，并通过书中的实用技巧、范例以及清晰易懂的文字结构，将领导力讲得清晰透彻。而且，这绝不仅仅适用于新上任者。

——*Inc*杂志媒体总裁兼总编辑　埃里克·舒恩伯格

没人想当一个蹩脚的领导者，但往往就是第一次担任领导者角色时，设定了成为成功领导者的轨道。作者出版的这本书，以DDI的卓越研究为依据，处处闪现着真知灼见，可操作的步骤信手拈来。这是即将进入领导领域的人和追求精益求精者不可不看的一部作品。

——美国人才发展协会（ATD）总裁兼首席执行官　托尼·宾厄姆

我最近刚刚出任副行长的角色。虽然积累了一些领导经验，但我发现这本书里的技巧和工具特别有用，是我的“安全毯”，确保我一开始就给团队和上司留下好印象。这本书不失为新近被提拔并想旗开得胜者的必读书。

——第一联邦银行　希瑟·雷诺兹

我们已经做过研究——领导者一旦学会本书提及的关键技能和行为，他们的成功会远远超出他人。关注这些方法的领导者新手表现出了更强大的能力与信心，并能领导团队取得更好的成绩。

——金佰利克拉克公司人力资源副总裁　斯科特·波士登

本书完美集锦了我们所知道的21世纪MBA（工商管理硕士）毕业后必需的技能，而他们未必能在商学院学到这些技能。对于任何期待从优秀员工转变为高效且有影响力的基层领导者的MBA新手来说，本书是一项绝佳的资源。

——卡内基梅隆大学泰珀商学院教育学院高级副院长

劳里·魏因加特

这个时代，企业逐渐成为平台和生态系统，世界越来越需要真正出色的催化剂型领导人物。这是我读到的第一本研究极其充分的书，让我禁不住思考“如何变得更好”这类重要的问题。

——硅行业协会联合创始人兼董事总经理、《小赌大胜》（*Little Bets*）作者、《真北》（*True North*）合著者　彼得·西姆斯

第一部分

催化剂型领导力

无论你是领导新手，抑或已有一些领导经验，成为高效领导者的道路总是充满挑战和乐趣。催化剂型领导者代表着黄金标准：精力充沛、热心支持、是能激发人们行动和思维超前的导师。本书第一部分将呈献一幅清晰画面，描述催化剂型领导者究竟为何。同时，还提供许多秘诀，让你的领导之旅尽可能变得顺利。

另外，我们还将介绍“领导力品牌”的概念。就像一家公司的品牌能使其独特一样，你的品牌同样能巩固你的高效领导者地位。而且，不少明显可识别的做法还能与你的领导力品牌相关，从而将真正出色的领导者和平庸者甚或差劲儿者区分出来。本书第一部分，我们将帮助你创建一种崭新的领导思维，让你和你的团队获得绝佳业绩。此外，我们还将针对你在面临重大问题时，如何做出完美的表现提供指导。

最后，我们分享一些可以成功互动的秘诀。作为领导者，每一天你都会和别人进行各种交谈。你与他人连线的能力——让人们感到受重视、被倾听、受激励、被信任和获得参与感——将对你成为卓越领导者大有助益！

杰出的领导力
体现在日常的各种微小细节中

第 1 章

现在你是一位领导者了

开启你的旅程

没错，现在你就是负责人。

当你接下第一份领导者工作，或者深思熟虑后决定放手一搏时，你就迈出了职业生涯中最重要、最勇敢的一步。

你是老板了！前程无限！

一切会如何发展？你有把握吗？又如何保证？

也许，你正处在持续的紧张压力下，徘徊于兴奋和恐惧之间。这不足为奇，毕竟你需要证明很多事情。（或者，你已经在这个职位上有了一段时间，但还有不少地方需要修正）。40 多年来，DDI 一直是人才管理领域的创新者，帮助企业转换其聘雇、晋升和培养领导干部的方式。我们在全球各地与各行各业培养了 800 多万名基层领导者，本书即基于从中获得的知识与经验创作而来。那些顺利完成转型的新上任者，更有能力在他们的团队、家庭和职业生涯中发挥积极而持久的影响，而我们的方法在帮助人们积极投入并更快提升生产力方面将让你如虎添翼。

谈到压力，我们的调研结果显示，对个人来说向领导岗位转型属于生命里最具挑战的改变之一。实际上，在我们首次研究转型时，只有 1/3 的领导者能有效应对转型挑战。[1] 对于新上任者来说，压力尤大。你不仅要担当一个全新的角色，还得在快速变化和充满不确定性、复杂性、模糊性等高挑战性的商业环境中存活。你处于一个独特的位置，你的业绩好坏决定了团队最终的业绩好坏，当然也会连带影响你的职业生涯——是蓬勃发展还是停滞不前。你是否达到了所需标准？你明白队员们在工作中发挥最佳水准意味着什么？他们会不会看到你就讨厌？你怎么判断自己是否及时找到了正确方向？

你正在经历的转型影响深远，因此我们可以大胆断言：首次担任领导角色的人，并不知道取得成功所需要知道的每一件事。当你进入一个完全陌生的领域，也许会本能地感到无所适从，以致凡事要亲力亲为。你可能会微观管理你的团队，在火烧眉毛时接管下属的重要任务，或者无法提供有效的反馈，帮助自己的团队成员做好工作。

让我们再做一次大胆断言：几乎没有什么比踏上领导之旅，更能让你在职业生涯中获得巨大回报。你学到的东西将让你受用终生。这么说当然有充分理由：你会发掘自身的成长潜能，并有效应用到这个世界。我们相信假以时日，你学到的技能会让你更好地与你所关爱的人们沟通，帮助你成为圈子中更加活跃的一员，令你所关心的事业变得与众不同。这是一次通往更加快乐人生的旅程。

凯伦告诉我们，第一次接手这个工作时，真的是压力山大。她的上司因病需要延长休假，她意外地被默认为领导者。凯伦只是一名电信工程师，但一夜之间她要管理 30 名资深人员，并负责完成一个大型项目。她表示："我能感觉很多人都对我持怀疑态度，何况当时项目已经存在不少问题，比如承包商无法完成交付。"但凯伦找到了有效方法，她通过身边的人准时完成任务，最终赢得了同事们的尊重。

"这真是件令人欣慰的事！我能够协助大家更好地工作，我又感受到了自我。大家有能力做更多事情，让工作上升到一个新的高度。现在全公司都知道我们团队的存在。"

更棒的是，如今凯伦已经开始从不同的角度看待自己："我发现我能成为真正的领导者。我可以在很多方面做出贡献。"

乔伊是一家景观公司的主管，他发现最好的满足源于激发人们的真正潜能。

"最让我满足的事，就是看到大家在我的帮助下成长。"

乔伊之前没能当成老师，而在一家全国性的景观公司任职，并获得晋升。他的部属都是未接受过培训的外籍员工，工作对他们来讲，可能就是通往幸福的大门。乔伊意识到自己在团队中的角色。

“我观察其他的管理者，发现他们只知道每天露面、工作、回家。”

但乔伊看到了一个能够更深入发展自己团队的契机，同时可以分享他所了解的领导力和企业业务。他说：“我每天都和大家并肩工作在现场第一线，弄得身上脏兮兮的。现在我终于领悟，领导力原来就是我当初对教育感兴趣的根本原因。”

在我们看来，能运用领导力的机会无不深具人性。但又恰恰因为人的因素，很多事情会出错。首次走上领导岗位的你，也许会碰到像42岁城市规划师约翰所遭遇的那类挑战。当谈起自己的问题下属时，约翰表示：“我感觉被暗算了！”约翰管理着8个人的松散团队，其中一位年轻工程师很不买账，这出乎他的意料：“她不给我任何反馈，之后还说我是全世界最差劲儿的上司。”这是约翰首次尝试率领团队，对此他很了解，或者说他自以为很了解。作为个人贡献者，他在跨学科团队里表现优良，而且和多数人一样，能强烈意识到作为领导者该做什么，不该做什么。

约翰起初放手不管，认为每个人都喜欢独立工作。

“我不喜欢别人时刻监督我的工作，所以我的风格是‘你做你的事，有问题时我会来找你’。”

当他觉得有必要提供建议时，“我就会介入并接管，而且几乎是事无巨细，没有人抱怨。直到6个月后业绩考核结果出来，当上司告诉我那位年轻工程师对我的评价时，我彻底惊呆了”。她抱怨约翰从不设定优先顺序，不关心她的工作，就连从她那里拿走项目也没跟她解释，只关注自己的工作。约翰意识到他的不干涉做法适得其反，但为时已晚。约翰能等着她告诉自己她需要什么吗？

“我被告知，因为资历较深，我应该更清楚情况才对，想想这话的确颇有道理。”

以我们的经验判断，大约经过 6~12 个月，新任领导者就会面临如下问题：要么迈出一大步，要么开始刹车。而这种事正好让约翰赶上了。并且，一旦出现重大问题，想找到自己需要借以扭转局面的支持者，可能会很困难。

领导者在推特上的回答

问题：你第一次管理别人（不只是项目）时，感觉是？（关于领导力）

@nilofer　难为情。

@TonyTSheng　我想肯定是恐惧吧，因为不知道自己在干什么。

@Mallory_C　紧张，我担心把事情搞砸，而成为一个糟糕及不知所措的新手老板——当然我一直希望这是一次丰富多彩的人生阅历。

@BigM5678　不知所措。很多年以后，我才懂得任人唯贤而不再想着自己包办所有事情，否则绝不可能完成任务。

本书主要面向组织中最关键的角色：基层领导者。你比你想象中更加重要！现在，你正处于一个独特的位置，通过与你的团队，还有其他主管、不同部门的同事、客户等所有人卓有成效的合作，积极影响整个公司。

在你可能出现失误之前，我们将帮助你解答有关领导力的重要问题。我们能帮你管理好可能阻碍成功的真实而强大的人性、情感，让你尽早体验身为领导者的快乐。我们还将向你展示如何掌握领导者有效工作所需要的新技巧，例如指导他人、提升敬业度、授权、开发新的社交网络、选才，甚至主持会议等。

写作这本书是为了协助你更快适应新的领导者角色，同时避开许多人经历过的伤心劳神的问题。如果你已经犯下关键错误，我们将帮助你让一切重回正轨。

“基层”“新手”意味着什么

本书中，我们交替使用基层领导者和新手领导者这两个称呼。“新手”很好理解，指那些第一次担任领导职务或者计划要当领导者的人。“基层”则涉及领导层级。基层领导者直接管理个人工作者，这就省去了考虑更高级别的领导者，比如中层经理或高管，他们管理的是其他领导者。基层领导者的其他称呼还包括：主管、团队领导者、监工或经理。

本书和其他领导力书有何不同

本书并非基于个人的理论或拼凑而来的数据资料，我们向您呈现有关做什么以及怎么做的可操作的具体信息，这些信息是实践经验加上数十年扎实研究的结晶。

我们每年都帮助企业制定无数关于基层领导者的遴选和晋升决策，愿把从中学到的心得呈献给大家。同时，根据对无数企业组织进行的广泛工作分析，与你分享那些促成基层领导者成功的能力和特质，以及从当下开始，如何在自己身上拓展这些能力和特质。最重要的，当我们认为某个做法为最佳实践时，支撑这个观点的，是大量证明此项实践能对企业组织绩效产生实质影响的调查研究。

在DDI，我们认为好的领导力是一门科学而非艺术，它以尊重和理解为基础。我们相信，人们可以通过简单、清晰、可衡量的方法修正其行为，从而转变在工作和生活中的人际关系。我们培训了成百上千位像您这样的新领导者，并与他们坐在一起畅聊，分享书中所提的建议。你会在各个章节读到他们的故事。

虽然你可以在任何时候翻阅本书，查找能立即解决你所遇问题的方法，不过我们希望你首先花些时间，看看第一部分的内容。这九个章节提炼了DDI早期对领导力的研究，是你开启领导之旅的起点。

第二部分侧重更深入探讨一些关键领导技能，这是你取得成功所必须精通的能力。这些章节，你可以按顺序阅读，也可以跳着阅读，以符合你的需要。希望这些简短、专业的内容能帮助你应对各种具体问题，从而让你在新职位上如鱼得水。你还会发现，有一些可以在工作中立即运用的检查表和讨论指南，请经常回来温习。此外，通过我们的“你的第一份领导工作”网页，我们链接了额外章节、在线资源、书目和相关社群，从而帮助你与其他正处于转型期的领导者进行联系和交流。请收藏并经常访问本网站：

www.YourFirstLeadershipJob.com

另外，每一章我们都附有练习、测验、诊断等各种互动工具。（当然，我们鼓励大家继续对这些工具加以探索。）它们由组织心理学家设计，多年来已被证明效果显著。运用这些工具，会让你更加成功，还会让你发现，工作正在变得越来越趣味无穷。

除本书引用的调研外，你还可以认识那些分享自身首次领导者经历的人。他们的故事饱含经验教训、真知灼见、成功故事，或者是警示故事。（当然，我们对他们进行了改名换姓，以便公开。）此外，我们通过脸书、领英、推特和Quora（一个问答型社会性网络服务网站）等向人们提问，寻找大家在领导历程中的故事和灵感。你将从贯穿本书的问题和调查中发现答案。

如果说你能从本书获得什么，那就是杰出的领导力体现在日常的各种微小细节中，它反映在你的谈话中、你影响他人的方式，以及你如何与团队和关系网里的人们打交道。那么，你展开领导之旅的第一步，就是不要把自己当成老板，而是作为能够并且积极激发部属、客户、供应商、同事以及上级主管产生持续正向反应的人。

正是这些各具特色的处事智慧，开启了你的领导旅程！

催化剂型领导者
能够激发人们的行动

第 2 章

你是老板还是催化剂

杰出领导者具备什么条件

你的新工作：催化剂型领导者

“老板”（boss）一词在职场和大众文化中可谓饱受挞伐。电影里，当老板的往往是冷酷无情的恶棍或道德败坏的头目。在数码游戏中，boss是一系列必须击败的最后那只最大、最可怕的怪物。而这回是在工作上，你就是那个老板了，所以你遇到了一个形象问题。如果谷歌一下“坏老板”，会蹦出3600多万个条目。标题诸如，“只有坏老板会说的十件事”“怎么把坏老板玩坏”，或者我们最喜欢的，“如何在13种心理变态、怠慢无礼、阴险狡猾的小独裁者手下生存”。甚至，还出现各种坏老板网站。BadBosses.com

上就有人展示了一张狼头人身像。不消说，你肯定不甘心变成办公室里的那匹大坏狼。

就拿玛丽安来说吧，她是一所中型大学传播系的市场营销和社交媒体专家兼作家。她的老板就是那种典型的糟糕者：不沟通、不能建立团队目标、不能按时完成任务，与其他部门的合作也表现极差，他的效率低下已令其部门在整个校园内恶名昭彰。

当玛丽安的老板突然被炒鱿鱼时，团队一片震惊。玛丽安说，他们都不知道他在团队外如此不受欢迎。但就在玛丽安被选为临时代老板之际，麻烦来了：他经过谈判得以留任 6 个月，并拒绝宣布玛丽安的新职位，甚至不肯帮她进行相关培训。

然而，这一切一直不为外人所知。玛丽安说：“他对我说他不想被看成跛脚鸭，但事情的确变得很尴尬。”时间一个月一个月过去了，没人宣布要更换老板，团队对前途日益深感焦虑，其他部门也开始公然反抗。更不妙的是，那位尚未离职的主管搁浅了整个大学的项目，还严重离间高级领导层。讨厌的意外一桩接一桩。玛丽安，这位即将管理 11 人团队的“半职”领导，根本不知如何是好。玛丽安说：“他就留下这么个烂摊子，我实在担心自己无力扭转局势。”（有关玛丽安如何动用新关系网拯救士气低落团队的更多细节，参见第 19 章探讨的有关建立关系网的内容。）

在我们培训基层领导者时，通常会使用一个更乐观、更正面形象的词——催化剂，而不会说某领导者不负责任或是可怕的老板。就像引起化学反应的某种成分，催化剂型领导者能够激发人们的积极行动，助推低效过程发生正向改变，从而为新产品创造新理念，甚至更重要的，引起整个团队的质的变化。

我们的研究和观察显示，差劲儿甚或平庸的领导者，与我们所说的催化剂型领导者之间存在巨大差异。后者在提高员工敬业度、加强团队成员的参与感、博采众长、集思广益方面表现优异。另外，他们很少责怪别人。相反，他们接受问责以便兑现目标。

图 2.1 将阐释催化剂型领导者具有的特质。

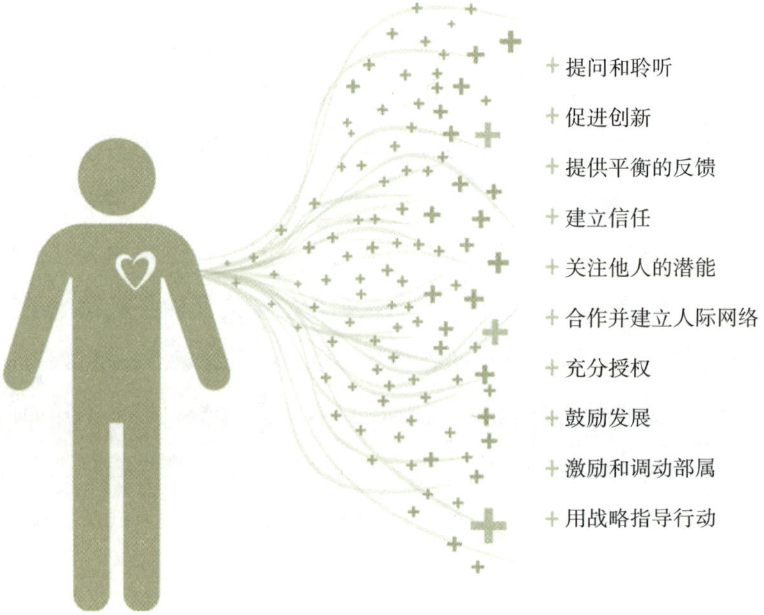

图 2.1　催化剂型领导者

无论你是领导岗位上的新手，还是已有几年领导经验，想成为催化剂型领导者需要不懈努力，无法一蹴而就。出色的催化剂型领导者的共同特点是，他们有成为更优秀领导者的热情，从不停止发展自己的领导技能，并时时反省自己——检视自己如何才能成为更好的领导者。

伟大的领导力和寿司有什么共同之处吗？睿奇 · 威林思以一种强有力的方式，重塑了我们网站上对领导力的看法。

工具 2.1 是一项自我评估，可以测试你成为催化剂型领导者的当前水平，让你瞄准需要下功夫锻炼的优势和待发展领域。

工具 2.1　催化剂型领导者自我评估表

催化剂型领导者善于找出激发他人行动的时机。你属于催化剂型领导者吗？为了找出答案，请先圈出每一项代表你当前行为的数字。接着把数字相加，以确定你的催化剂指数。最后，在右列的方框打钩（√），标出三个你想关注的行为。

表现较差						表现较好	
告知和假设	1	2	3	4	5	询问、聆听及学习	❑
指导和规定	1	2	3	4	5	引导、促进、带领	❑
发现问题并规定解决方法	1	2	3	4	5	帮助他人认识和解决问题	❑
批评	1	2	3	4	5	提供平衡的反馈	❑
提供所有答案	1	2	3	4	5	征求想法	❑
隐瞒信息与感受	1	2	3	4	5	分享想法、感受和原因	❑
恐吓、胁迫、麻痹	1	2	3	4	5	信任、建立承诺、调动	❑
聚焦于人的局限性	1	2	3	4	5	关注人的潜能	❑
鼓励他人依赖	1	2	3	4	5	培养独立性	❑
维持现状	1	2	3	4	5	鼓励创造与革新	❑
独自完成所有事情	1	2	3	4	5	支持他人发展	❑
以自我为中心	1	2	3	4	5	以团队为中心	❑
接管和控制	1	2	3	4	5	给予支持，鼓励承担	❑

你的催化剂指数（上述得分的总和）：________________

50~65 分：你已经是催化剂型领导者，但你仍可以选择加强某些行为来提升自己。

30~49 分：你有一个良好的开端，请选出你真正想努力改善的三个领域。

13~29 分：作为一个新手领导，你有许多改善的机会。

基层领导者的成功因素：更深入的观察

在过去 40 多年里，DDI 对世界各地几乎每个行业进行了数百项职位分析。许多分析主要针对基层领导者的角色，包括采访领导者和他们的经理，以便收集相关信息，进而找出区分平庸表现与真正卓越表现的因素。整合这些资料，就转化成了我们所说的“成功要素”。后来，我们的客户把他们的成功要素当作遴选、晋升、绩效评估和发展项目的一部分内容。如图 2.2 所示，基层领导者的成功典范涵盖 4 个构成要素。

1. 组织知识——个人知道什么（如：公司产品及服务）。
2. 经验——个人过去做过什么（如：曾服务的特别项目团队）。
3. 能力——个人能够做什么（如：指导或做决策之类的技能和行为组合）。
4. 个人特质——个性（如：强大的学习取向等人格特征）。

图 2.2　成功要素

在工具 2.2 中，你会发现很多基层领导者的“成功要素”。让这套工具成为指南针，为你指明正确的方向。如果你考虑的是走向第一个领导岗位，不妨以这些要素为标尺，看看自己表现如何。如果你已经是领导者，则可以用这套工具指导你的成长与发展。挑出几个你可能不是强项的要素纳入自身发展计划。而同样重要的是，选择一些强项，让其充分发挥你的优势。

温馨提醒：你可以学习知识，摸索经验，也可以调整个别行为。但若想改变人格要素，并不容易。譬如，傲慢，也可以说是过分自信，可能会令你的事业遭遇不顺。你很难找到什么训练课程，让自己变得不傲慢。通常，领导者不会因为缺乏技能而走入歧途，往往是由于人格特质不适配所致。（在第二部分讲到选才和留任时，我们再进一步探讨这个问题。）所以，考虑跻身领导层时，请密切关注这些要素并诚实面对自己。不少前领导者说过，他们很高兴重返团队成员的角色。对很多人来讲，这称得上是聪明的决定！

工具 2.2　基层领导成功典范

在代表你强项（strength）的方框里标上“S”，在代表你需要加强的方框里标上“D”（development）。

组织知识	能力
❑ 对公司的产品、服务和客户有深入了解 ❑ 知道自己的团队如何融入整个组织 ❑ 熟悉各种公司政策/流程 ❑ 商业头脑敏锐，包括了解公司的战略、竞争力、供应链、财务指标 ❑ 具备所选领域的知识（如：金融、市场营销、信息技术）	❑ 建立信任 ❑ 授权委责 ❑ 规划与组织 ❑ 选拔人才 ❑ 促进变革 ❑ 做出决策 ❑ 指导 ❑ 促进创新 ❑ 打造成功团队 ❑ 创建人际网络

（续表）

经验	个人特质
❑ 领导跨职能或特殊团队 ❑ 向他人提供反馈 ❑ 指导 ❑ 规划和管理复杂项目 ❑ 与内部/外部客户密切合作 ❑ 做出艰难决策 ❑ 有一个或多个职能的工作经验（如：销售、信息技术、研发） ❑ 探测组织的政治方向	**促成因素：** ❑ 喜欢和别人相处 ❑ 渴望持续学习 ❑ 高成就导向/驱动结果 ❑ 对他人的需求/顾虑感觉敏锐 **干扰因素：** ❑ 经常寻求他人的赞美和认同 ❑ 过于自信，轻视别人的想法 ❑ 无法领会他人的意图 ❑ 优柔寡断，无法做出决定 ❑ 微观管理/控制他人 ❑ 难以克制情绪

底线

成为优秀领导者的旅途任重道远。然而，倘若你选择担任领导者的理由正确，沿途收获的回报会令你开心又满足。几年前，我们询问全世界 1200 多名企业员工对各自经理的印象。其中一个问题是，如何区分你所遇到的最佳老板和最差老板？很遗憾，只有 22%的员工认为自己现在的老板最棒。如预期所料，他们评出的最佳老板采取催化剂行为的可能性为一般人的 2~3 倍。目前为最差管理者工作的员工中，有近 68%的人正在考虑辞职。更让人惊讶的是，只有 11%给最差老板打工的员工有动力“展现自己最优秀的一面”。与之相比，最佳老板手下雇员的这一比例跃至 98%！[1]

在另一项研究中，我们询问员工：如果重回最佳老板的手下工作，他们能有多高的生产力。1/4 的人回答说，至少能提高 40%~60% 的生产力。[2]

记录反思点

通过这本书，我们想敦促你思考自己在领导旅途中所处的位置。如果你习惯写日志，不论以任何形式，请考虑记下自己的想法。用这些反思见证你的进步，明确下一步工作，并察觉可能有破坏性的情绪。依靠观察帮助自己收集可信来源的有用反馈，并与他人进行有意义的在线交流和实时共享。等有朝一日你成为大人物时，还可以用这些绝妙素材编写你的畅销回忆录。

反思点

用工具 2.2 进行检查时，什么最让你感到担心？查看方框内标注“D”的栏目，想想你的关注是否有确凿根据？选择 1~2 个项目，列入为期 1 个月的学习列表。考虑向人际网络中可信任的成员征询意见和反馈。

然后，看看你标记了“S”的栏目。你可以利用其中的哪些项？你为期 6 个月的学习列表又会有哪些内容？为期 12 个月的学习列表呢？

在你成为领导者之前，成功就是如何发展自身
当你成为了领导者，成功则在于培养他人
——杰克·韦尔奇

第 3 章

为领导力转型导航

取得成功的必要思维模式

玛丽描述她接受第一份领导工作的感受时，反复用“失去重心”来形容。

她用“完全失去重心”或“彻底失去重心”形容她当时的心境。担任领导后的前 8 个月，玛丽意识到自己有多么手忙脚乱。她从生产岗位调到销售部门，之前没有销售经验，而且是第一次管理团队，12 名男性！在男性占多数的化工领域，女性领导者是罕见的，但玛丽根本无暇享受这种冲破玻璃天花板的升迁。相反，她发现自己直面的是不高兴的对手。新团队的一名成员原本已预备接任现在她的职位，现在被淘汰自然没好心情。更糟的是，以前的上司深得人心。在此情势下，玛丽如何才能胜任她的职位？

那种完全置身于陌生的环境，又缺乏可清楚导航工具的感觉让她晕眩，仿若失去了重心。

第 1 章我们研究了领导角色转型所产生的压力，还记得吧？玛丽的压力是否有些耳熟？几乎所有我们采访过的领导者都表示，他们在开始任职领导者最初的几个月都充满了我们所说的转型期挑战。那么，您的挑战又是什么？

反思点

想想你第一次告诉朋友你接受（或想接受）的领导者工作。吸引你的是什么？对于你的职业生涯，你觉得那意味着什么？你们谈论额外待遇或权力了吗？和别人的竞争？谈到远离你不喜欢的人或工作职责了吗？诚实地问问自己：驱动你成为领导者的真正因素是什么？

本章稍后将更深入探讨转型期的挑战，但先让我们从你做出成为领导者的决定说起。也许你很难决定是否值得为一个充满风险又极不确定的角色，放弃一份你擅长及热爱的工作。一般说来，这个决定分两种情况：一是自愿行为，你找到了机会并想努力把握它。如果你属于上述情况，你的挑战就是确保自己处在正确的位置。检查你的动机，你的升迁为的是更多的权力、酬劳和额外福利吗？若真的如此，你可能会发现自己并不快乐。尽管晋升会附带物质奖励，但领导力却意味着放弃权力。一个好的领导者致力于见证自己团队的成长，以及对所在组织产生影响。如果你没有准备好挑起领导者的担子，单以金钱为目的，永远不够。

另一种情况，你可能是被迫填补某个领导的空缺。这种升迁方式或许会由于截然不同的原因令你觉得毫无准备。没准你感受到了压力——担心拒绝升职将暗示自己缺乏雄心，没有奉献精神。或者，你害怕自己放掉机会或改变主意时会错失特殊任命或将来的晋升。

这类担忧都很正常。

不过，在同意接受强加给你的领导工作之前，请仔细考虑一个简单的事实。在我们的领导转型研究中，我们询问 600 多位参与者，是自愿还是被迫选择了领导职位。接着，我们追问事情最后如何发展。屈服于压力的人最终还是决定——放弃选择。[1]

我们的研究表明，这部分人感到不满的可能性 3 倍于主动者，考虑辞职的可能性是 2 倍于主动者。这就有力证明了：当你跃升到领导层级时，应该更多地思考自己真正的职业目标，而不是公司环境给你造成的压力。

问题代表着什么

那么，你准备好了吗？我们先来拆解问题。现在你需要认真问问自己，你是否有当领导的决心或潜力。这两者有区别吗？正

> 领导者绝非天生的，而是培养出来的。
>
> ——文斯·隆巴迪，美国职业橄榄球教练

如我们在第1章所讨论的，领导他人是一段可能持续多年的职业旅程。我们从未遇到过刚刚走上新岗位便已拥有全部必要技能、经验和知识的人。优秀的领导者每天都在学习如何领导别人。你可以扪心自问：假以时日，我是否有潜力成为一位优秀的领导者？

看看杰克，他是一位出色的技术专家，喜欢和客户一起工作，而且相当顺利。他的良好口碑很快为他赢得了领导一支小团队的机会。他接受了职务，但立马就痛恨新职。尽管坚持了一段时间，可大约一年后他还是要求回到原来的岗位。公司赏识他的才能，所以也乐意让他做回原先的角色，自那之后他对工作高度投入，人也无比快乐。

杰克的聪明之处在于了解自己的优势和能力，更聪明的是，他一直确保技术精湛超群，因此能保持自己对公司的价值。但他还拥有另一种睿智：他非常清楚，成为领导骨干根本不是他的喜好。他清楚成长和成功的途径不止一条。如果早些使用工具3.1反省自己的领导思维模式，杰克或能更早受益。

工具3.1　领导思维模式评估

在与客户的合作中，我们开发了一套用以预测领导者成功概

率的潜在因素。我们把这些因素浓缩成 7 个问题，以备你选择担任领导职务与否时考虑。

运用这套工具思考你自身的优势和动机。我们建议，在踏上领导之旅的过程中你能经常重温这些问题，并考虑运用它们开启你与关系网络中人们的讨论。

1. 你是否真的有动力当领导者？你有没有雄心扩大你在组织中的影响力？
2. 与他人互动时，你是否会激发他们的动力，鼓舞士气？你信任别人的实力吗？别人是否把你视为领导者，甚至在非正式场合也是如此？
3. 你能否表现出自信而不被当成自以为无所不知的家伙？大家信任你吗？你愿意为自己的行为负责吗？
4. 你乐于听取建设性的批评吗？你寻求他人的反馈吗？你能否洞察自己的优点和缺点？
5. 你会不会从过去的错误和成功中学习？你渴望学习新事物吗？是否想获得不同的经历？
6. 你有紧迫感吗？是否希望把事情做好？你会迅速走出挫折并继续追求你的预期目标吗？
7. 你能否有效回应不清楚或模棱两可的情况？能否从不同的角度观察事物而不是只看到黑与白？你能很快适应新环境和新朋友吗？

我们所说的“转型”到底是什么

转型是指从做某事改变为做全新的、不一样的事。在今天的工作场所，转型可谓五花八门、形式各异，可以是迁移到新的国家，转入新的业务部门，也可以是跳槽到另外的公司。所有这些转变都伴随着大量的新挑战，让人既兴奋又焦虑。虽然之前你可能经历过很多工作上的变化，不过我们要多花些时间，谈谈你第一次出任基层领导者角色的决定，因为这是一个如此具体而独特的决定。转型期的挑战在最初两三个月内不会消失，你可能要用一年或数年时间去适应你的新角色。

为了让你一窥大局，许多企业组织使用了DDI十多年前引入的一款模型：领导梯队。梯队的类比恰如其分，因为其目的是确保一位准备就绪的领导者能从一个层级过渡到另一层级。图3.1向

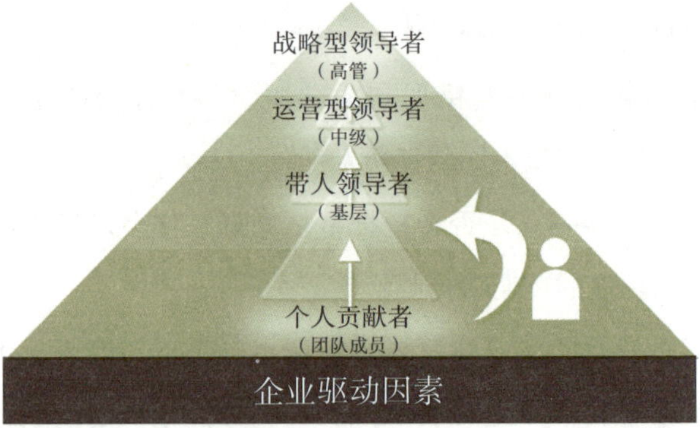

图 3.1　领导梯队

我们呈现了一个具有 4 个层级的典型梯队。从一个层级到下一层级的每一次过渡，都是“转型”或“变动”。阅读本书的大多数人都将进行从个人贡献者（团队成员）到领导者的转型。

往上跃升

每一次转型都带来独特的挑战，责任、决策、部属人数等均有不同。在我们的研究中，当询问领导者，他们转型时最大的困难是什么，名列榜首的是处理不明确状况。[2] 让领导者选择最困难的三件事时，其比例加起来超过 100%。

41% 处理模糊性和不确定性事务

38% 通过他人完成工作

35% 应对组织政治

34% 吸引和激励员工

32% 创建新的关系网络

在我们的开场故事里，玛丽就面临着极具压力的转型。我们仔细观察一下，当你转型到基层领导位置时会遭遇的一些挑战。

将你的思维从个人贡献者角色转变为通过团队完成工作。作为领导者，你的骄傲、热情和投入必须源自团队的作为，而非你个人。这个挑战对于担任高度复杂或极具技术性角色的人来说尤其困难。我们采访了一位在其职位上工作超过 15 年的高级法律顾问。他获选领导一个大型团队，负责法律、人力资源和诸多其他的关键管理流程。特别是带领自己的法务人员时，他最大的困难就是抗拒独揽工作而不授权他人的倾向。你无法一边做着原来自己的工作而一边学习领导别人。而且，这会推开为你工作的手下。

赢得你的领导权力。即使你是因为某种能力获得赏识而被选为领导者，别人却可能不这么看。很多情况下，你的团队成员中会有以前与你平起平坐的同事。向曾经是你工作中甚或工作外关系密切的伙伴反馈绩效意见，其难度可想而知。（另外，就算你不是领导昔日的同事，团队里也会有人觉得非但职位被抢走，他还摆脱不了你。）

发展更宽更广的人际网络。你能否成功跻身领导者行列，不仅取决于你参与和影响团队成员的能力，也要看你能否和组织的上上下下、里里外外形成正向的工作关系。人际网络（我们将在第二部分做更详细的讨论）是完成工作的关键，这意味着要与你的经理、同事以及你的供应商和客户建立互惠及积极正向的关系。人际网络还能提供一种有效的工具，帮助你向他人学习和获得支持。有趣的是，当我们询问领导者，在领导角色转换中谁对他们最有价值时，同事和同辈的排名比各自的经理高了 2 倍多。[3] 高效的人际网络是一场互相让步的博弈，如果你能设法为他人增加价值而不仅仅是为自己，你的影响力就会提升。

当戴尔升迁到新职位时，他面临了人际网络方面的挑战：他的送货队伍在销售部向来声名狼藉。销售部总是找其他的送货队伍来完成工作！戴尔很快联络了销售部的关键人员，倾听他们的心声、要求和建议，这些行动帮助他的团队重塑声誉。他始终与销售领导者保持联系，他的团队如今也成了香饽饽。但戴尔告诉我们，他花了近一年半的时间才终于扭转形势。而直到情况好转，他才在新位置上真正感到自在。

化战略为行动。即使你的新角色带有战略成分，你仍需投入大量时间执行组织的主要目标。在第 9 章，我们将探讨你在执行目标中所起的作用。你可能会被要求支持某项新产品或推行一套新的IT（信息技术）系统，但你可能不是该产品的开发者，或者选择该系统的决定者。你的工作会是提出改变并获得认同、设定职责，同时还需要指导和支持大家。当新的方向或策略被视为值得做的正确事情时，工作就能更加顺利地展开。但如果执行的是会遇到阻力或者你不赞成的不受欢迎的行动，那就非常艰难了。

请记住，现在你是组织领导团队的一员。假如不喜欢较高管理层做出的决定，你有两个选择：与之“和平共处”，否则尝试影响及改变它。参阅第 20 章了解更多信息。

这绝非小事。我们必须对你说实话：初为领导者，你对高层决策的影响力十分有限。然而，一旦已通过某项决策，你就要全力支持，并毫不畏缩地向自己团队显示你的决心。倘若你跟队伍说，“我需要大家协助执行我们的某某新计划。我知道这不容易，而且我个人并不赞成它，但是……”那就再没有什么比这更损害你的信誉了。你可以仔细阅读下一章节，那是处理此类棘手情况的必读部分。

准备就绪：通行捷径

我们已经明确，转型为领导者造成了压力，而且你要准备踏上更高的层级。现在是时候开始认真解决你面临的诸多新挑战了。这能帮助你在出任新领导者时领先一大步。

快速成功的第一步是，确认你对自身角色的理解完全符合组织的预期。这需要你和其他人谈谈，做一点侦探工作。接任早期你也许会觉得任务艰巨，如果你的性格内向就更加难办。然而，你现在的谈话不仅能让你日后少走冤枉路，还能帮你建立重要的新人脉。请务必做好笔记。

> 知道我是怎么发现周五不开会的吗？我在周五早上第一次召集会议，结果人影都没有。知道我是怎么知道我遇上了个文化问题吗？因为所有人都懒得告诉我周五不开会。
>
> ——海蒂

这些以相互了解为目的的交谈将有助于你了解企业的组织文化——在正式和非正式情况下组织如何运作。为了容易被接纳，你需要避免太多的要求、电邮、冗长会议等漫无目标的活动，造成他人的时间浪费。换句话说，要学会区分“必要”和“可以有”的优先顺序。

眼下你就有一个更大的机会。随着你的领导之旅变得越发陌生和压力巨大，你要避免落入任何潜在徒劳无益的往日坏习惯——逃避、微观管理、对峙等。

重要底线：你现在展开的谈话，将帮助你找到未来进入陌生领域时需要的答案。

接触利益相关者

想展开谈话，先要接触三个主要的利益相关群体。我们提供一些样本问题好让你有个不错的开头，但请随意加进你自己的提问。

你的经理。他可以帮助你了解你的团队如何支持更广泛的经营战略，还能清楚说明你的优先事项和他的期望。

> 实例：我很想听您谈谈我的团队可以如何融入整个公司。过去有哪些管用的方法？现在缺少什么？以前的领导者犯过什么错误是我可以从中汲取教训的？

其他领导者。你的经理同辈们可以分享标准的操作规范（书面的和不成文的），帮助你转型，还可以基于与你的经理的工作关系提供洞见。

> 实例：能否告诉我，您经常收到关于我们部门的哪类信

息？比如，定期财务报告需要汇报哪些指标？对于和我的新老板共事，您有什么建议？

你的团队。你的直接部属可以教给你组织里当前不成文的运作规则（譬如，沟通方式偏好、团队传统、团队定期工作午餐的时间等），他们对你的期望，以及过去较好或不好的做法。

实例：你愿意听我的想法真是太好了，现在我也很想听听你的意见。就团队运作而言，你认为哪些工作是有效的？你希望改变什么？我该怎样配合你以确保满足团队需要？

工具 3.2 是多年来我们给成千上万领导者提供的一份详细检查表，可以用来帮助你精心设计与新同事的最初谈话。但是，不要就此止步——观察你自身、组织和同人在你工作头几个月的情况，把你注意到的事情列成清单。（还记得每周两小时的反思时间吧？）将观察所得制成新的问题列表，定期拿来咨询你的新人际网络中的团队成员、经理、同辈和人力资源部门。

工具 3.2　我需要知道什么

1. 阅读下面的问题，看看有哪些你并不知道答案。
2. 找出你认为最重要的三项，按照重要性编为 1 号、2 号、3 号。

3. 通过你的团队、经理、人力资源部门或其他领导者，寻求这三个问题的答案。

与他人互动

（我的团队成员、同事和经理）

- ❑ 个人喜欢我以何种方式与他们交流（面对面、电话、邮件等）？
- ❑ 我会收到哪类信息是以前没收到过的（更高级别的信息、人力资源、其他电子邮件分发列表等）？
- ❑ 我的团队成员、其他领导者和我自己的上司想从我这里知道什么信息？
- ❑ 我可以从自己的经理、同事和团队那里获得哪些支持？
- ❑ 面临担任新领导者的挑战时，谁能给我提供建议？
- ❑ 其他问题。

我的责任

我的优先事项应该是：

- ❑ 行政管理？
- ❑ 管理/领导自己的团队？
- ❑ 做项目工作？
- ❑ 指导/发展其他人？
- ❑ 计划和组织？
- ❑ 做决定？
- ❑ 管理/监控预算？
- ❑ 分享信息（向上和向下）？
- ❑ 我的权限是什么？
- ❑ 我能获得哪些培训和资源？
- ❑ 其他问题。

经理的期望

- ❑ 在未来三个月内，经理想从我这里收获什么结果？未来半年呢？未来一年呢？
- ❑ 哪些事最终的负责在我？
- ❑ 大家应该如何监督我的进度？
- ❑ 我需要提供给经理哪类信息？多久提供一次？
- ❑ 在我需要完成的工作中，经理期望我优先考虑的是哪些？
- ❑ 其他问题。

组织的问题

- ❑ 组织要去哪里（战略方向）？
- ❑ 组织的 3 年计划是什么？5 年计划呢？
- ❑ 我的团队如何支持这些计划？
- ❑ 较近或即将发生的哪些组织变化将影响到我的团队？
- ❑ 我需要知道哪些相关的组织或部门文化？
- ❑ 其他问题。

你的前 6 个月

希望这一章有助于你确认一个问题：领导力影响你和你周围重要的人。现在，你可以用新的眼光深入阅读这本书，寻找最适用的信息，从而开始加快步伐，更迅速、更自信地向前迈进。倘若你已经确定自己不适合当领导者，怎么办？祝贺自己做了一个很棒的决定吧，然后努力掌握让你继续成为个人贡献者所必需的技能。但请帮个忙：找一位有潜能又对领导力心存好奇的同事，把这本书当作礼物送给他，告诉他你看好他。你人际网里的朋友会感谢你的大度胸襟。（本书作者也同样向你致谢。）

在我们的网站上，你会看到一张内容广泛的检查表，它罗列了新领导者在前 6 个月应该努力完成的关键活动。继续阅读本书之前，请稍花时间浏览一下该列表，它可以帮助你顺利转换角色，所以请带着这些目的进行阅读。

反思点

问题：谁在你有自信前已经信任了你？

问题：在你的生命里（或你的团队中），谁很需要你的信任？

得用 20 句“好样的”，
才能抵消一句“噢，该死”。
有时，甚至还无济于事。

第 4 章

领导力品牌 I
真实诚信

唐娅在一家航空产品制造商供应链管理部门就职。作为个人贡献者，她工作出色，对于预测问题确有过人本领。她说：“我感觉自己能见微知著、扭转乾坤。”所以，第一次升任领导者角色时，她就搬到了佛罗里达——真是意外收获！她感到既骄傲又踌躇满志，她要飞黄腾达了。

唐娅与她的团队见面的第一天，就发现那是一群经验丰富的个人贡献者，很多成员资格都比她老。当时的唐娅信心十足，她谈到自己能领导大家实在备感激动和荣幸，同时感谢他们在组织中所起的独特作用。到目前为止一切顺利，云云。

唐娅预备了不少新鲜点子，这些灵感来自观察了公司其他部门的某些做法，她认为这些构思可以提高效率、消除错误，以及最重要的，减少紧急关头的压力，从而瞬间改善团队的运作。

她回忆，大家微笑着，一个劲儿地点头，还问了些很棒的问题。

接着轮到她倾听大家的发言。团队成员轮流汇报项目、成绩和瓶颈问题，一切进行得有条不紊。然后，一位同事拿出团队的月度报表，这是当天早些时候已经发给运营团队的通用报告。

唐娅一看报告，当场吓坏，“什么?!”

就在那一刻，唐娅毁了她之前的所有努力。

她的叫喊把整个团队从其乐融融中震醒，大家旋即产生了戒心。她盘问大家：“这就是递交给我上司的报告？团队里还有谁看过？”

唐娅表示：“我担心运营团队会对我留下不好的印象。我把这个担心告诉了他们。我开始抱怨，语法、图表、格式、数据，没一样满意的。”

她吼着让那个同事把文件扔到门外去。团队在震惊和沉默中听着唐娅没完没了的斥责。当她深吸着气、用手捂着脸在领导力训练课上和大家分享这则旧事时，已是 8 年之后，然而错误造成的痛苦记忆犹新。

唐娅说，自己被贴上了火暴性急的标签，被队里所有成员视为完美主义者。她觉得也许还有更糟糕的批评。那种场合虽然没有分手情歌作为背景音乐，但在当时真的可以有。就这样，多年来她一直名声扫地。

留下良好的第一（或第二）印象：你的领导力品牌

大多数人都经历过这种时刻：后悔自己说过的话、做过的事，或没能做的事。这是人之常情，然而对于初出茅庐的领导者，这些人之常情的时刻可能会迅速堆积，稍有不慎就会造成实质性损害。在第3章，我们初步解释了从个人贡献者到领导者的转型意义深远但极易被低估的诸多原因。像唐娅那样，你与新团队第一次接触时，或许怀着某种焦虑的期待，还附加了一套你常常带到工作中的独特价值评估表。当你的新团队第一次面对你，大家理所当然要担心那套价值评估会令他们的处境变得困难。

当前向你做汇报的人，将对你的领导能力形成初始判断，也许是以不利于你的方式评定你的声誉。

向你汇报的部属一开始就会对你的领导能力做出判断，也许会定义出对你不利的口碑，特别是在你正掌握新工作时。想想消费者态度的简单道理：如果发现某一产品不好，他们就不会再次使用，然后他们很可能对别人诉苦。差口碑能长时间影响产品的市场发展前景。所以，无论是刚刚担任领导工作30秒，还是已经在职一段时间因而能够依靠声誉重新开始，你都需要在如何看待自己新角色的大框架内

向你汇报的部属一开始就会对你的领导能力做出判断，也许会定义出对你不利的口碑。

发展和持续运作。本章将帮助你做到这一点，我们会给你介绍三种特质，帮助你创造积极正向的领导力品牌——一种能培养信任、确切反映你真实自我的品牌。

领导力品牌是什么

虽说成为领导者并没有完美的方法，但却有明确的做法，让真正高效的领导者脱颖而出。研究显示，成功的领导者具备三个关键特质，我们称之为“领导力区隔优势”，这些特质帮助领导者在领导团队时获得信心和技能。[1] 拥有这些特质，你就可以成功起程：

- 真实诚信。
- 找出他人优秀的一面。
- 善于接受反馈。

显然，无论我们做的是什么工作，这些特质对所有人来说都难能可贵。优秀的领导者在职业生涯中最终都能实现他们的真正价值——只是或早或晚罢了。研究表明，这些区隔优势甚至可以预测未来的成功。这给了你另外两方面的重要信息。尽管作为领导者你要指导别人，但你也可能会协助遴选未来的同事和团队成员，甚至你也要从别人身上找寻这些特质。（我们会在第二部分的雇用及遴选最佳人才和指导部分更详细地探讨。）即便你还不是领导者，这些技能也将有利于你在个人贡献者阶段大展拳脚，充分表现出你是强有力的晋升候选人。如此一来，大家也会希望多与你合作，不失为一桩好事！

我们每一个人都经历过出色的和不尽如人意的领导力，或者来自父母、老师，或者出现在工作当中。因为这些经历，大多数人都想过假如自己成为领导者，会怎么做，或不会怎么做。运用工具 4.1，加上自身的经历，捕捉一些你可能效法或者避免的领导实例。探究这些经验有助于揭示你的价值取向，并让你完善自己的真实想法。

工具 4.1　绝对不做的事/经常要做的事

如果我想成为领导者，我一定会：

绝对不……	经常……

想一想：你为什么说绝对不会那样做？那些行为造成了什么伤害？它们影响了士气或效率吗？你为什么说要经常那样做？它会让别人有何感受？对团队起了什么积极作用？

提示：借助这个工具投入思考，对于完成下一章的最后练习是必需的。不要忽略这一步！它很重要。

真实诚信

如果你和大多数新领导者一样，那你可能得做一些令人信服的事情。南希最近参加了DDI为新任经理开设的课程，她遇到的是一个相当典型的问题。为了拿下领导IT分析师团队的职位，她全力以赴取得了必需的技术技能，却惊讶（甚至有点儿受伤）地发现，他们看见的是她当主管时显得老大不高兴。她告诉我们："我没想过管理员工会如此困难。"

南希从一个只管理自己的个人贡献者，转型成为一支有6名骨干的30人大团队的领导者。令问题更加复杂的是，大团队的许多成员在组织里的资历都比她高。

她解释道："他们都是主任，而我只是个没有真正头衔的工程师。"

另外，她还是团队里唯一的女性。

"我无法保证让他们参加会议甚至回我的电话。我不停地琢磨：他们为什么不愿听我说话？他们会跟我合作吗？真是越想越害怕。"

这无关乎个人因素——仅仅由于她是高度竞争环境中的一个未知数而已。

“我意识到自己必须学会与人沟通，以便获得他们的信任。但很快我就发现自己根本不知道该怎么做。”

对领导新手来说，南希在新团队中的遭遇绝不罕见。团队还没有真正了解她——她需要取得大家的信任，这在很大程度上就是要展示真实诚信。那么，真实诚信是什么？

真实诚信意味着，你的行为反映你的信念和感受，你的言与行之间没有矛盾。

在以下情况中你将展示出真实诚信：

- 做正确的事情，即使在困难重重的情况下。
- 尊重他人。
- 增进信任。
- 恪守承诺。
- 承认错误。
- 适时称赞。
- 适当地分享你的想法、感受和理由。
- 表现自信但避免傲慢自大。

反之，虚伪无诚信的领导者会带给团队破坏性的影响。这类领导者往往：

- 隐瞒信息。
- 令团队成员互相敌对或厚此薄彼。

- 漠视存有异议的团队成员。
- 忽略紧张关系和职场冲突。
- 将自己的失误归咎于他人。
- 争名夺利。
- 彻底改变自己的行为以显示领导范儿。
- 假装无所不知。

了解了这些行为，你就不会讶异于在高管焦点小组讨论中，领导者真实诚信在获得最响亮的肯定上的重要性——纵使文化、行业和专业领域各不相同。高管们都在意大家如何看待他们组织里的领导者，同样你也应该有相同的关注。为什么？因为真实来自正直，它促进了信任——这是最受推崇的工作场所的基本催化剂。在最受推崇的工作场所里，员工更幸福、更敬业、更富于生产力和创造力。当人们信任你，就不仅仅有益于你的声誉，还会给企业带来好处。

我必须做的最困难的事情之一，是告诉员工我们不只在削减他们的就业机会，而且在破坏他们的整个生活。大规模制造业已经一去不复返。我还要他们继续像以前一样为我们努力工作直到转型完成。他们无怨无悔，因为他们相信我。我们是一家人。我聆听他们的心声。我告诉大家事实。他们知道我在为他们而战。

——乌尔苏拉·伯恩斯，现任施乐首席执行官，2001年决定削减公司制造单元以拯救施乐免于破产时说的话。当时约40%的员工被解雇。[2]

养成一个真实的你

像南希和唐娅那样，你接管了一群未来命运与你紧紧相连的人，而且他们尚未真正信任你。只有一个办法可以攻克这道关卡，就是自信、真诚、坦率地与他们交流。你需要考虑最恰当的方法，通过始终一致与诚实的对话和行为展示诚信。还要通过真诚的分享（不含那些不应透露的信息）建立信任。这就是我们说的真实诚信。但是，打造你的领导力品牌绝不止于表露真实的自我。在第 5 章，我们将探索其他两个关键要素——激发他人的最佳表现，以及善于接受反馈。

拥有强大的自我还是以自我为中心？认真算算

作为一个新手领导者，着眼未来是明智之举。你所采取的行动是让你变得自大还是有助于你拥有强大的自我？具有强大自我的诚信领导者勇气过人，能谦逊地承认错误。事实上，正因为承认错误才能在员工中树立信誉。流露真我的人不惧展示自己的情感，让人觉得他们自信而不自大。他们往往并不寻求关注。在《从优秀到卓越》一书中，吉姆 · 柯林斯剖析的 11 位高度成功的高级领导人都具有强大的自我，名字却并非家喻户晓。[3] 尽管如此，他们公司的平均收益为市场的 6.9 倍——是传奇人物杰克 · 韦尔奇领导下的通用电气业绩的 2 倍多。反之，自大的人爱出风头、争名夺利、夸夸其谈。唐纳德·特朗普就被许多人视为自大型领导者，他的公司已经四度申请破产。

反思点

记住我们开头讲的唐娅尖叫的故事，思考以下三点：

1. 唐娅应该如何向团队谈及自己的失误？

2. 你有没有遇到过（或看见他人面临）类似的事情？处理事情时哪些方法行得通，哪些行不通？

3. 你个人如何划清真实诚信和披露过多的界限？

伟大的领导者明白自己的成功有赖于他们所领导的人们的成功

第 5 章

领导力品牌 II

寻求最佳表现并善于接受反馈

正如你在第 4 章所记住的，成功的领导者展示真实诚信。在这一章里，我们将探讨另外两个关键优势：

- 寻求最佳表现。
- 善于接受反馈。

寻求最佳表现

我们发现，最优秀的领导者有一种能让身边所有的人变得更好的天赋。鉴于你目前乃新官上任，我们建议你读读道格拉斯·麦格雷戈 1960 年的管理名著：《企业的人性面》（*The Human*

Side of Enterprise）[1]。该书描写了两种类型的领导者：X理论型和Y理论型。X理论型领导者又称为微观管理者，他们喜欢指挥和控制。相反，Y理论型领导者认为人们诚实可靠、可以被信任，应该予以礼遇和尊重。Y理论型领导者属于那种人人都想为之效力的老板，他们能让手下获得最多的晋级机会。在危机时刻大家往往选择投靠这类人。他们和蔼可亲、平易近人，善于接受反馈，关心自己管理的员工，而且他们会展示出这些品质。

20世纪末，DDI创始人比尔·白翰姆博士就X理论和Y理论领导力写了一部幽默的寓言书，名为《变！授权闪电》（*ZAPP! The Lightning of Empowerment*）。该书成了20世纪90年代十大商业图书之一，其中关于员工授权的概念准确地反映了当今充满挑战的工作环境。[2]白翰姆博士写道，那些“震惊”别人的领导者“赋予责任，提供归属感、成就感、决定做什么及怎么做的权力，认可他人的想法及他们对组织的重要性”[3]。更重要的是，这种持续追求完善的投入无法强加给员工，只能通过授权才能实现。

所以你能看到，麦格雷戈和白翰姆的观察评论能经受住时间的考验。管理书籍和商业杂志准确地将当下称为合作时代——在这种乐观年代，解决方案靠群策群力、机会经过设计，来自世界各个角落的团队随时可以创造性地携手工作。新技术的确开辟了新的合作方法，而在这种环境中茁壮成长的领导者大有人在，他们抗拒传统的指挥和控制结构，正是这种类型的人方能崛起成为今天的领导人物。别担心自己天生不是当领导的料，你可以学习。

一个关键点就是聪明地提问，然后注意听取答案。在第 6 章和第 7 章，我们将介绍五项基本原则，帮助你以催化剂型领导者的身份“催化”你的员工。

> 我们所做的一切就是要让人们更开放、更具创造性、更有魄力。这样就能要求他人想想有什么可能性，而不是告诉他们如何去做。
>
> ——杰克·多尔塞，推特兼 Square（一家移动支付公司）联合创始人

凯里当上英国一家工具制造厂的新经理后，突然间忙得不可开交。他负责一支设计师小团队，接着他的工具室里多了一帮手下——约 22 位工具制造工。总共 30 人左右。但是比起向昔日设计同行证明自己的实力，凯里首先遇到了一个更大的麻烦：工具本身。当工作从设计转移到制造及相关的工序时，发现并纠正问题的机制根本不起作用，于是故障率奇高。

凯里表示：“从产品理念一直到投入生产，整个过程必须重新审视、重新筹划，所以，我终止了整个流程。”

接着，凯里决定从团队内部征求解决方案。在任何阶段接触过工具的所有人都参与了整个流程再设计。

“我把大伙儿召集起来，查看每件产品并检查产品的生命周期。”

他们围在一起讨论各种情况。如果凯里稍有不慎，大家单独工作或共同工作时遇到的问题，将大到足以延误工期。

“我们创建的流程包含了一张检查清单……针对每个工具项目，各个阶段都需要逐一检查。结果，这种方法效果甚佳。”

青少年时期曾赢得全美学徒比赛的凯里后来参加计算机辅助

设计夜校课程，拿下了第一份工具制作工作，他清楚知道设计零部件的人，正是最有希望和他共同努力设计出新方法的人。

“我不想听上去像是在操控别人，但如果你让大家尽早涉入其中，他们就会参与绝大部分需要他们做出改变的决定，你则可以事半功倍。他们真正加入未来结果的实际创造中，而你成了结果的共同拥有者。”

双赢思维模式能够帮助他人拿出最好的表现。杰出的领导者胸怀这种理念。他们知道个人成功离不开自己所领导的人们的成功，他们的主要责任之一是培养团队成员的技术、能力、兴趣和努力意愿。建立这种积极的人生观并付诸行动，永远是越早越好。

寻求最佳表现：

• 鼓励团队尝试新事物。

• 培养并完善他人的才华和能力。

• 花时间找到激励团队的办法，并根据各人的技能和兴趣分配工作。

• 褒扬他人的努力。

• 针对影响员工的事情提出建议。

• 信任别人的长处。

• 允许他们吃一堑、长一智，以便他们能够适当承担风险。

• 团结他人奔向共同目标。

工具 5.1　安排与每位团队成员单独会面

为了帮助你激发团队的最佳表现，你需要深入了解大家的技术、能力和动机，这些交谈不同于第 3 章我们要求你进行的对话。那些对话涉及的是你本人，而此处则针对你的团队。工具 5.1 将有助于这些讨论。

以下是一份简单的检查清单，我们已经发给成千上万名新领导者，以帮助他们设计与下属的第一次了解式谈话。让每个团队成员预先知道会面的目的。选择下列开放式问题开始交谈。不可欺骗，也不要添加特定工作类型的谈话！最重要的是，示意你欢迎他们询问有关你自身的问题。

- ❑ 你最喜欢做哪些工作？为什么？
- ❑ 你最怀念过去做过的哪些工作？为什么？
- ❑ 你最不喜欢目前哪些方面的工作？为什么？
- ❑ 你如何应对和舒缓压力？
- ❑ 为协助你做好工作，我可以进行哪些改变：
  - 你的工作环境？
  - 你的工作内容？
  - 你完成工作的方法？
- ❑ 你喜欢或不喜欢何种认可形式？

这些了解式谈话极其有效，既能表明你正在用心聆听，又令他人感觉自己受到重视。嘿，你甚至可以学到一些东西！但更可能的是，这些谈话将帮助你建立舒适度和熟悉度的基准，令你担任领导的前几个月对所有人来说都更加愉快。当然，你也许会发现某个团队成员觉得他的一些职责索然无味或难以激励人心。可你越了解一起工作的人们，就越容易帮助他们取得成功。

何况你并非无所不知，所以你要问个明白。

善于接受反馈

我们讲的前两个关键要素侧重于如何更好地与周围的人们互动——通过真实诚信和激发他们的最佳表现。你帮助大家迈向成功并分享反馈——两者都属积极而具有启发性的行为。但如果换成是别人给你提出反馈意见呢？

对于最后这项关键要素，我们要探索你的团队成员和其他工作伙伴如何通过向你提供反馈信息，来实现互惠互利及激发你最出色的表现。

卡洛琳是一个非营利食品银行和社会服务组织的物流经理。虽然作为志愿者，她有食品服务经验又有优秀的管理经验，但她还没准备好迎接要求更高的新工作：进行广泛物流规划的同时能够根据数据做出决策。她简直就像从厨房一脚跳进了煎锅。

卡洛琳说："我不太了解电子表格，我只是善于和人打交道。"

她的主管已经在这个岗位上干了五年，属于A型人格者（就是那种有抱负、竞争意识强且容易产生压力的类型），奉行不干预政策，他简直像是把她推入了深水区。

卡洛琳说："我真的以为我永远都学不会这个。我感觉就像你知道外面将有老人在寒风里排队等候服务，你会感到责任重大。我真害怕出错。"

后来她果然犯了个错误——未能按时给一个新地点送货，结果她的团队忙乱了约半个小时。

"我想，有些人被弄糊涂甚至有点儿恼火了，但我却三天没睡觉。"

卡洛琳没有退缩，她向老板和几个下属征询了这起事件的反馈意见。

她说："我们把整件事谈清楚，并得出了具体的好建议。老板让我把这些事情写出来：在什么地方出了错，我会如何改变。"

这种锻炼促使卡洛琳更加深刻地体会了老板对她的工作期望，而她原有的天性则以另一种意想不到的方式帮助了她。

她说："我正感觉大受打击时……和我同时走出来的一个员工转身说道，'知道吗？你会成功的！有很多东西需要学习，但你会慢慢掌握——在关键时刻你会用上这些知识。'"

卡洛琳的坦率和真诚得到了回报。

她指出："他那些话真是相当鼓励人，这在当时真是管用极了。"

卡洛琳表现出的强大性格特质——坚韧、良好的心理素质、谦卑以及有效且欣然面对失败的能力——帮助她度过了新岗位困难重重的最初时段，而且她有一群好伙伴。

美国奥林匹克体操教练玛丽·李·特蕾西谈起优秀运动员区别于其他人的一个特点时曾经说："运动员和其他人一样都会犯错误。但极其重要的，也是我对优秀运动员所期待的是，他们如何应对失败。最重要的并非他们不会继续失败，而是从失败中吸取教训。"[4]

领导力的研究也证实了这一点。随着时间的推移，已经证明能够预测领导力成功的变量之一，乃个人"善于接受反馈"的能力。[5]那些广泛寻求和运用他人的反馈意见、把犯错视为学习机会的人，往往更能成功地担起领导角色。所有领导者都应该采纳"从失败中汲取教训"的理念。但是，只有当你愿意征求和接受能够评价你工作的人的反馈，这一理念才会奏效。

> **失败时，要继续尝试以新办法或新方案解决现有问题。你可能依旧无法取得你想要的结果，但你仍在前行、学习，并朝着解决问题的方向迈进。另一方面，失败仅指你放弃尝试或反复做同样的事，没有改变，因而无法获得预期的结果。[6]**
>
> ——玛丽·李·特蕾西，美国奥林匹克体操教练

首先，提问

经验显示，我们要求你做的事比想象中更难。大多数领导者发现，寻求反馈并不容易。没有人愿意暴露自己的弱点，尤其是

在事业上。其中部分是由于人格因素：接受反馈往往在人生初期学会，而成年后如果你不努力，将很难再发展这一技能。但是寻求成长绝非显示弱点。从不出错的领导常常会遭遇士气低落和高离职率（这对企业不利）的连锁反应。另外，他们易于反复犯相同的错误，这将给组织制造真正的麻烦。

然而，任何人都能掌握寻求和利用反馈的实际操作。显然，第一步完全取决于你。

展示你善于接受反馈的能力：

• 从多个来源寻找并利用关于你自身领导力的反馈。

• 接受并按照发展型反馈意见行动。

• 承认自己的缺点。

• 言行谦逊。

• 给自己设定高期望值。

接着，扩大你的圈子

有了反馈，机会不再是“宁缺毋滥”，而是“多多益善”。你收集的观点越多，就越可能获得真实的信息。

考虑以下做法：

• 咨询**你的经理**如何看待你领导团队的方式，你怎么沟通并反馈给他，你与同事的合作情况如何。

• 请**同事们**站在客户角度，就你的跨部门合作和见解谈谈看法。

• 询问**你的直接部属**，以便了解在决策过程中，你是否清楚传达了自己的期望并适当征求了他们的意见。

- **请你的客户**就你和你团队的表现分享他们的看法。

为帮助你记忆，我们已经将这些接触点列入网站为期 120 天的检查表中。

最后，怀着感恩之心接受反馈

表示你愿意接受反馈是一回事，真正善于接受反馈又是另一回事，特别是当反馈出其不意地向你发起挑战时。这可能会让人觉得是个坏消息，但你可以训练自己把反馈当成真正的礼物。

让我们为你描绘一幅画面。

想象有位同事轻拍着你的肩膀说：“我要告诉你些事儿：你好像总看不见团队发生了什么。或者你可能看到了，却没有采取任何行动。”

这听起来并不好笑。但是，该做怎样的反应则是你的选择。你也许会自然而然戒备起来，然后说些“我完全清楚团队正在发生什么事，你怎么敢这样建议”之类的话。

你会用什么样的肢体语言？紧抱双臂，靠向远离同事的那一侧，还是皱起眉头？

希望不是这个样子！最好的回应是接受反馈，并努力确切地理解它。

一句“谢谢你告诉我这些”是个不错的开始。

你得意识到并非所有的人都擅长提供反馈，很多人会略去那些概括全部情况的详细描述，并令事情易于接受。你要靠巧妙的提问来获取更多的信息，从而帮助自己充分利用刚刚收到的馈赠。善于接受反馈的领导者首先会感谢反馈者的分享，然后提问并收集具体信息。这类领导者更容易获得成功。

善于接受反馈的领导者首先会感谢反馈者的分享，然后提问并收集具体信息。这类领导者更容易获得成功。

不喜欢突然袭来的反馈？那么，试试定期在召开团队及团队成员会议时，把寻求反馈列为固定的议题。这样，就表明你正在努力营造一种信任和持续进步的环境。此外，依照反馈信息采取行动会更有效果，这能显示你有改善的空间，令你变得更随和，更有人情味儿。

致力于领导他人

研究人员杰克·曾格和约瑟夫·福克曼分析了 51896 位领导者 3 年多中寻求反馈的行为。[7] 他们发现：

• **越喜欢寻求反馈的领导者在他人眼里越强大。**积极征询反馈意见并寻找改善机会的领导者效率可达 86%，高居榜首。而在关于接受反馈程度的调查中，排名最低的领导者效率只有 15%。

• **寻求反馈行为随年龄的增长而下降。**大多数人在职业生涯的早期寻求较多反馈，但随着岁月的流逝，这一趋势逐渐减弱。

- **高层领导者较少征求反馈。**64%的经理人会寻求反馈以便改进工作，而高层领导者的这一比例仅为43%。

总的来说，反馈十分重要！倘若你始终无法寻求自身品牌的反馈，可能会对你的事业产生负面影响。有研究调查了一家《财富》500强公司的462位领导者，其中77人（平均年龄50岁）在平均任期满18年后被要求离开组织。经过分析，从他们被解雇的2年前收集到的360度评估反馈数据发现，领导者根据他人反馈做出建设性改变的程度存在显著差异。[8]

你的领导力品牌 = 你的领导力传奇

在第4章，我们让你思考了如果成为领导者，“你认为自己绝对不会做的事”和“经常会做的事”。因为你每天所做的选择将塑造你个人的领导力品牌，所以考虑一下在行动之前，你会如何约束自己是非常必要的。但同时，你也在创造一种领导力传奇。你要确保自己能真正为此感到骄傲。

> 我在大理石中看见了天使，于是不停地雕刻直到让她自由。
>
> ——米开朗基罗

更传统的观点认为，传奇是你在离开之后留下的东西。我们的看法略有不同：你的传奇是你当前积极塑造的东西，因此你、你的团队和组织都能即刻利用这些优势。把它当成你不断进化的生活品牌。是不是听起来太诗情画意？那你就找对它原有的韵味了。这是真正的领导技艺，你可以通过掌握你与他人的互动，逐渐发掘自己和他人的最佳潜能。

工具 5.2

进入下一章之前请用工具 5.2。接下来，要学到的知识可以促进你在这里所做的工作——具体来说，它涉及你在工作生活中将与所有人进行的丰富对话。先大致描述一下你的传奇，这将有助于你令那些对话变得更具价值、更有力和更可靠。

我的传奇，我的品牌

想想你要建立的传奇，以及这些关键区分元素如何帮你打造品牌声誉。你在这项活动中的任务是，详细叙述你想做些什么来帮助自己成为更积极主动的领导者。你希望听到团队成员如何评论你？试试以下做法：

- 思考那三个领导力关键要素将如何在你的传奇中发挥作用。
- 记住，虽然业务绩效很重要，但实现绩效的唯一途径是依靠员工。

下面是一些建立传奇的原则：

• 创建一个接受和重视反馈的环境。让员工觉得他们的观点和意见促进了团队的成功。

• 乐于倾听；让员工感觉受重视。

• 相信员工能做出决定；以礼待人。

现在，为了激发你的灵感，我们呈献一些传奇心得，它们出自过去几年里与我们保持互动的全球领导者。如你所见，有些人只说了寥寥几句，有些人则写了整整一大段。

例 1：我属于结果导向型领导者，向来以高标准要求他人和自己。我乐于寻找机会鼓励他人独立思考，继而尊重他们的努力并祝贺他们成功。

例 2：作为领导者，我依靠价值观导向的领导力取得信任，并以恪守承诺、树立主人翁意识、谦逊诚实的人物形象为榜样。我将通过下列行为实现这一目标：

• 表现出行动的一致性和公正性。

• 言出必行。

• 随时给予部属帮助。

• 分享、分享、不断分享。

例 3：我想这样描述我的领导力品牌——真实诚信、崇尚人才、积极参与企业业务。作为一个真诚的领导者，我希望成为真挚、诚恳的人，最重要的是，拥有当领导者的激情和兴趣。作为人才的拥趸，我一直在寻找优秀人才，思考如何吸引及培养他们；而重中之重，是如何帮助伙伴们取得事业上的成功。为了积极参与企业事务，我不断研究我们在中国的竞争格局。但最重要的是，要了解这个行业，就要学会如何运作一个可持续的营利组织。所以对我来说，领导他人是一次持续不断的学习之旅。带着这些想法，我希望大家经常对我在这三个关键领域的表现提供反馈意见。非常感谢。

轮到你了

在此写下你的“传奇心得”：________________________________

____
____
____
____
____
____
____
____
____

最棒的沟通——频繁、清晰、真诚偶尔有些困难的谈话，有助于同事感受被理解、重视、信任和激励

第6章

领导力是一种互动 I

如何让他人感到被倾听、被关心、被激励

这里有个关于领导力的小秘密：真正重要的是与他人建立关系！

对于那些害羞、内向、没耐心或总是茫然不知所措的人来讲，这个秘密可能是个不受欢迎的消息。可实际上，这是我们给你的最好洞见之一。正如我们在书中允诺的，各种有效对话的背后都隐藏着真正的科学，能在你生活的方方面面把你和其他人联系起来。事实上，你的成功——无论在领导层面还是在生活中，将取决于你和周围人们的交谈。

千真万确！

如何用关系资本获得成功

麦肯锡公司在 2010 年发表的一项重要研究吸引了我们的关注。作者认为，掌握人与人互动的能力（即我们所说的交谈），有可能为个人和公司制造真正的竞争优势。[1] 事实上为了凸显这一能力，作者巧妙地创造了一个词“关系资本”，借以描述各类工作者运用交谈的能力。

为了用行为来说明“关系资本”，让我们看看泰茜的一天：

- 和某个邻居闲聊沿路的建筑。
- 从每周一次的“三大问题”员工会议开始她的工作。
- 就某个特别提议向老板征求定价意见。
- 向任务负责人表达她对某个即将到来的截止期限的关注。
- 在午餐时间与活动委员会进行电话会议，主题为她积极参与的非营利剧团。
- 会见并指导技术及顾问团队领导的创新团队。
- 在走廊给一个要到纽约旅行的团队成员推荐餐厅。
- 回到家，有技巧地提醒 16 岁孩子明天的日程安排，并检查他的家庭作业——当然，还一边做晚饭。
- 晚饭后在遛狗时，和哥哥卡特闲聊为人父母、友谊和工作方面的种种挑战。

所有这些对话对谈话当事人来说都很有意义。有些是有计划进行的，有些则是自发的。轻松进行各种沟通的能力可以影响你作为领导者、父母或朋友的成败。

DDI对构建成功领导力的要素做了数百项研究。由此，我们开始了解优秀领导者的行为：他们培育创新、引导成功、把客户的需求放在首要位置、做出正确决策并培养未来人才。

如果这些都属于优秀领导者要做的事，那么又该如何去做？在所有的研究中，有一个主题跃然而现：领导者很少独自完成事情。这就是我们强烈主张“催化剂型领导者”理念的原因。催化剂型领导者不再扮演主要行动者、决策制定人、问题解决者的角色，而是把重心移向成为教练、支持者和顾问。为此，他们每天都要与员工、股东、同事、上司和客户进行诸多沟通。

最棒的沟通——频繁、清晰、真诚，偶尔有些困难的谈话，有助于同事感受被理解、重视、信任和激励。绝非偶然，这些谈话是一支真正高度投入团队的钥匙，更大胆地说，也是开启真正幸福生活的钥匙。没错，当今以各种形式频繁进行的互动沟通——电子邮件、短信、社交媒体、电话、闲聊、内部网络联系等，其核心本质，都是与另一端真实存在的个人进行的一种沟通。

本章介绍的技能，是你想充分把握每次机会，和生活中出现的人们建立联系时需要用上的法宝。只消花一点点时间，这些技能就能成为你的第二天性。我们保证，回报必会令人格外欣慰，甚至可能让你大吃一惊。

我只是想给你写张便条，让你知道我学习这门课程后发生的事情。我有个 15 岁的儿子，他有超多的行为问题我们无法应对。我们一直打算采取某种新的干预方法，把他从破坏性倾向中挽救出来。那晚听完你的课回到家，妻子和我心情沉重地讨论起干预措施。当我打开公文包，我们在领导力课堂上用来练习的表格跃入眼帘。我把它抽出来，就像在和儿子谈话一样完成了每个部分。

我注意到首先要认真倾听，并询问对方的感受，这一点自己过去做得并不好。于是，我走进儿子的房间开始对话。在过去的两周里，我们的交谈比以往加起来都多。我清楚自己是个难教的学生，但我想让你知道，这个举动令他彻底脱胎换骨。焕然一新的儿子出现在我面前，从此不必再多加干涉。所以我坚信这个方法的确能奏效。

——DDI 课程学员

个人需求与实际需求

DDI 在 40 多年的时间里，从事评估人才、开展工作场所研究、设计人才发展项目等工作，以下两章提出的建议正是基于这些丰富的经验。我们找到了促成有效对话和建立关系的行为与技能。（请访问我们的网站，阅读关于个人和实际需求背后科学的完整报告。）

我们发现有一组核心基本技能，每个人都必须掌握以便有效建立关系并完成工作。我们还发现，学习这些技能的过程改变了学习者的生活。很多人成为领导者只因为那意味着他们职业生涯中合乎逻辑的预期——更多的财富、更大的威望、在家庭宴会上备受热情赞美。多数人都知道，自己想从领导位置上获得什么，却不知道应该给予什么。接下来的两章所描述的技能，会让你在领导角色中斩获丰厚，同时也能让你为他人付出更多。

人们去工作有两个需求：实际需求（完成工作）和个人需求（受尊敬和被重视）。

从一个简单的事实开始讲起：人们去工作有两个需求：实际需求（完成工作）和个人需求（受尊敬和被重视）。你的团队也不例外。如果你在新岗位上已非一两天，你可能早就注意到你的部属正不断给你制造问题（其中不少问题还牵涉到了其他人），你得进行“修复”。人们往往会不假思索地从实际角度处理这些问题，不带任何情感，只要解决问题即可！但事实上，你必须经常一并考虑个人需求和实际需求。

这么想吧：实际需求是确保你与人们的互动符合他们的预期目标所要采取的“路线”，个人需求则随时会出现在这一路线上。有效地处理这些问题能帮助你克服障碍。

我们将在第 8 章运用“互动守则”解决这一实际问题。而为了满足人们的个人需求，这里我们要给大家介绍“基本原则”。它们听起来简单之至——就像家长或老师可能给你提出的好建议，但是这几个基本原则却可以创造奇迹！

这 5 条基本原则并非依续使用，你可以根据需要，在谈话的任何阶段灵活运用。如果再深入探讨，你会发现这些基本原则是释放他人和自己最佳潜能的利器。

基本原则

目的：帮助满足人们的个人需求。

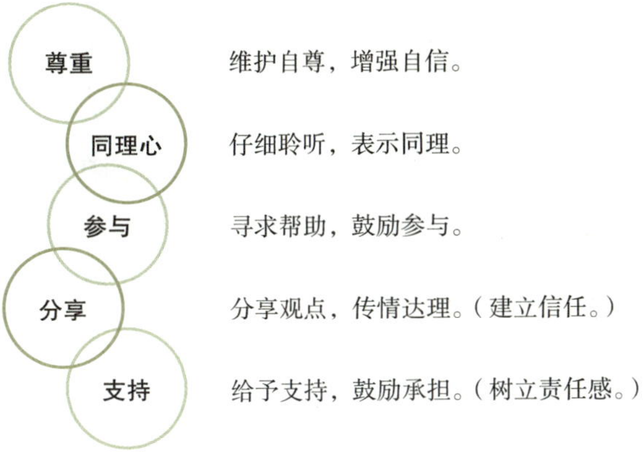

图 6.1　基本原则

维护自尊，增强自信

当经理告诉我，团队成员不喜欢和我一起工作时，我万分震惊。当我问为什么时，她说因为我冷漠，好像不想和其他人共事。她说："我们觉得你很另类，绝不是个大方的人。"另类？没有雅量？这是几层意思？我不停地想，我真是这个样子吗？我真是那种人吗？那种不讨喜、不宽厚的人？我怎样才能继续和大家一起工作？我感觉自己的人生完蛋了。

——艾米

近年来，谈"自尊"常常招来一片批评，它用来揶揄过度保护自己子女的一代人（至少世界上的某些地方如此）。在一个只需挤入某支团队就可获得奖杯，而非反过来追求卓越的每个人来说，自尊似乎代表了毫无意义的赞美和缺乏自律。而在真实的世界里，自尊是与他人合作时必须牢记的最重要理念之一。

在前面的例子中，艾米描述的残酷反馈几乎粉碎了她的自尊，令她的工作在几个月中持续走下坡路。反馈传达的信息并非说她的备忘录漏了什么信息，或是她的简报技巧需要磨炼，而是暗示她的性格有问题！真的很遗憾，其实这种令人难堪的反馈是完全可以避免的。

自尊只是你对自己的看法。你足够优秀吗？你是个有价值的人吗？人们尊重你吗？你对所处的世界有重要贡献吗？别人看得见你的重要素质吗？

作为领导者，每当你与他人进行互动，你就获得了一次绝佳机会影响他们对自身的感受。这是你可以使用的最强大的人际互动技巧之一，也是你可以赠予组织成员最不平凡的一份礼物。

请注意我们第一条基本原则里的并列行为：“维护自尊，增强自信。”你与他人互动时有两个选择：要么维护他人对自身的感受（即不要令他们感到更糟），要么加强他们的自我感受。许多互动是让你承认他人分享的观点，抑或让你赞赏他人付出的努力，进而增强对方的自尊。

在其他的互动中，表现欠佳的情况并不是要你称赞或认可他人，而是需要调整思路。当别人离开时，他们对自己的感觉不应该比谈话之前更糟。轻视别人或者令他们觉得自己对于手头的工作有某种个人不足，从而贬低他人的能力——比如艾米的经理的行为，不只伤人，还会令别人难以振作。何况这也无异于多此一举，因为即便是在这些困难时刻，你也可以——至少应该——维护对方的自尊。

振奋精神

还记得心理学的入门课程吗？自尊是马斯洛需求层次理论中位居第二的需求，而且它会受你与他人互动的影响。[2] 自尊的概念流行于 20 世纪 60 年代末，由精神治疗医师纳撒尼尔 · 布兰登和心理学者斯坦利 · 库珀史密斯首创。到目前为止，大约有 536 项研究、769 篇文章和 80 本著作专门论述自尊对工作表现的作用。

据报告，高度自尊产生的部分结果包括：高水平的职业和工作满意度、改善的动机和参与感、高质量的工作、更好的人际和职场关系，以及在工作中更具创新力。维护或增强他人自尊的人往往卓有成效，而且团队沟通更流畅、工作压力更小。由他们领导员工也易于产生更高的工作满意度和绩效、更大的忠诚度以及更强的人际信任度。

事实上，“不够大方”的艾米是个聪明人——Y世代（1981—1999年出生的人），刚从大学毕业。她生活里的沟通主要以智能手机为工具，加上在办公室环境下的互动挣扎。所以，她果断采取行动，从信任的同事那里搜集关于如何更好与队友互动的有益反馈。后来，艾米修复了与同事的关系，并慢慢恢复了自信。但她花了近一年时间才真正感觉好多了，接下来又用4年时间赢得了新的升职。另外，她不再信任她的经理。如今她自己就是经理，艾米说着很多人都说的话：“我永远不会像我所遭遇的那样去对待别人。”但是，以这种方式吸取教训实在太过艰难了。

脸书上的我问你答

戴夫·基普——以前有个老板曾经对我说：“基普，你将一无所成，因为你脸皮不够厚。”于是我余下的职业生涯都在反驳那家伙的预言。

如何维护他人的自尊

聚焦事实而不是个人。如果别人感觉你在攻击他们，或者当他们不得不揣度你真正的意思时，他们的自我价值感可能会受伤。如果你说："你一向是我们队最守时的人，但在上个月，开团队会议时你迟到了。"这更可能维护对方的自尊，而不是在员工会议上冒一句评论："你在守时方面是不是有问题？"显然，做第二种评论的你自断了好几条后路。

不给他人贴标签，以示尊重和支持。标签能伤人——她粗鲁，他迟钝，或某某团体完全不合作。标签会让人们感到他们的声誉面临危机，觉得自己无论做什么，都将被永远打上记号。一项关键的领导技能是：多一点尊重，避免贴标签。

借助聪明的提问明确动机。猜测可能造成某个问题或困境的原因终究只是——猜测。开放式问题有助于你明确动机。例如，比起质问："你是故意想破坏这个项目吗？""你认为是什么造成了延误"显然要高明多了。前者会令对方产生抵触情绪，不自觉地戒备起来。

所以，如果说维护他人的自尊是你应该争取达到的最低目标，那么又当如何增强他人的自尊？同样，答案简单至极：表达真正的赞美。不过，人们往往抗拒这么做。

当我们询问参加我们课程的新任领导者为什么不愿称赞自己的部属时，他们通常能罗列一大堆充分的理由。那么你的理由又是什么？

“我太忙了。”

“因为我总是处在解决问题模式，东奔西跑想弄明白哪里出了错，需要处理哪些问题。”

“我不希望别人觉得我厚此薄彼。”

“从来也没人给过我积极的反馈啊！”

“如果别人做了什么事我就要给予积极反馈，那他们会松懈下来，认为这就是所需的绩效水平。”

“我们公司要求的标准就是卓越，所以赞扬并无必要。”

我们明白个中原因，却也发现，大多数抵制表扬他人的领导者其实并不知道如何、为何以及何时给予表扬。而且，他们担心万一搞砸了，会让人觉得他们很弱、很假，甚至会失去威信。实际上，这些都是杞人忧天。

明确而真诚

表达赞美，或者是我们说的增强他人的自尊，是极其简单的技能。赞美必须诚心真挚，必须是事实，而且你真心认为如此，同时需要明确具体。相关研究以及我们的经验均证明，赞美不会转眼就把人变成懒虫。实际上，恰恰相反，经理的称赞反馈完完全全是一种激励。为什么？因为它提醒了员工，他们拥有真正的价值，他们的贡献不容忽视，大家看到了真实的他们，并且觉得他们很重要。还有一个更大的惊喜是：在你真诚发出赞美时，你也会感到舒心。（真的，我们的实证研究表明，给予赞美比接受赞美感觉更妙。[3]）而且，这能令你成为一个更优秀、更稳重、更乐观的领导者。有谁会不愿意为这样的人效力呢？

反思点

在你的团队里，哪些人很需要知道你对他们的真实看法？在你的生活中呢？你能给予这些人什么样的反馈或赞美，从而让他们有所改变并维护或增强他们的自尊？

那么，什么时候你应该称赞别人？显然，当他有明显进步，达成某个目标，解决了一个难题，或顶着现实压力做出贡献时，就值得褒奖。但假如你观察到某些事情会令他人很高兴了解他自己，你也可以给出表扬，但这个需要练习。任何情况都有表扬他人的机会，但必须是事实。这样的赞美能让对方知道，你了解他是一个什么样的人。

推特、脸书上的我问你答

问题： 你从经理那儿获得过的最佳赞美是什么？

脸书Jennifer Fader Scott：即使情况很糟，你也能让我们开怀大笑。

@mrshanebennett 真诚地感谢你。

脸书Lori Wurm Weitzman：孩子们喜欢你、信任你、依赖你。有你为伴真幸运。

脸书Dimitry Elias Leger：我一开始就低估了你。

@kevinmercuri 短而简洁的电子邮件里写着："你的表现真令我高兴……你在帮助这个机构发展壮大。"

脸书Robin Beers：你是你的岗位上的最佳人选。

@iROKOHope 他这样对我说："你竟然像超人一样完成了不可能的任务，让我看起来像个普通人……"

脸书Chris Allieri：置身一屋子陌生人中，你也无所畏惧，真不赖。

@davidcuddy 一位高管跑来问那是谁写的。我以为他讨厌那些话，所以我说是你写的。结果原来他是喜欢。我笑趴了。

脸书Justin Holland：你似乎能见微知著。

脸书Hugh Weber：你的提问太棒了。

这是不是很爽目的一张清单？在推特上回答问题大家顶多只能打144个字，无法呈现赞美背后的完整故事。事实上，增强自信并非仅仅是这类简短的陈述。

简洁的赞美会令人心生好感，但未必能经常产生预期影响，原因有二。首先，它们会让人觉得缺乏新意。例如，艾伦告诉我们，她的经理最喜欢说：“太厉害了！”他一天到晚逢人遇事只会说这个。所以，即便只是为了赞美，这个词也显不出诚意。其次，简短扼要的赞美缺乏针对性。具体明确的肯定能鼓励人们继续提供好点子，让他们确切知道自己的作为促进了团体的成功，进而激励他们在适当的时候重复那些具体行动。

重点提示：

维护自尊，增强自信

为了维护自尊，需要：

- 关注事实。
- 尊重并支持他人。
- 澄清动机。

为了增强自信，需要：

- 认可好的想法和观点。
- 肯定他人的成就。
- 表达和显示信心。
- 做到具体而真诚。

自我测试　良好还是优秀

阅读下列两组来自领导者的陈述，从每一组中选出更能有效运用自尊基本原则的句子。

题 1. A. 谢谢你让我知道这个情况。实在无法形容这对于我纠正问题有多大的帮助。

B. 因为你把问题告诉给我并与我共同做了纠正，我们才能避免令他人困惑，感谢你的直言。

题 2. A. 因为你自愿主持周一的会议，我才可以开车送祖母去看病。

B. 遇见你真是太好了。我一直想告诉你，非常感谢你上周一的帮忙。谢谢！

答案：题 1. 正确答案是B。它给出了具体的理由，解释为什么这个行动有助于解决问题。题 2. 正确答案是A。它具体说明了感谢支持的原因。

仔细聆听，表示同理

想想上一回你特别心烦时，把整件事——声情并茂、和盘托出地详细述说——告诉老板、经理或同事的情形。你倾诉完之后，对方也许稍作停顿，然后说非常了解你的感受。你听到这话的第一反应是什么？是不是："不，你不了解？" 人们最常犯的错误，就是回应"我了解你的感受"之类的词语，这些话听起来似乎善解人意，实际上却没有任何意义。更糟的是，许多人还加进自己个人类似的悲惨经历，仿佛想证明他们真的完全了解你的情况。

可是，这非但不会令你更好过，而且证明他们根本没在认真听你说话。更糟的是，你或许还会觉得自己被"处理"了。他们浪费了时间，一下子把讨论从你身上转移开，不但把你推得更远，也远离了可能的解决办法。这种情况是否似曾相识？

> 仔细聆听并表示同理心，二者结合运用，是你可以掌握的两大超强技能。

仔细聆听并表示同理心，二者结合运用，是你可以掌握的两大超强技能。为什么？因为处理情绪化的状况时，这些行为能立即缓和周围的紧张气氛。而且，如果情绪无法平复，事情就很难有所进展，但这也是需要练习的两个最具挑战性的技能。在工作场合中出现的任何形式的情绪，往往令人感到不安。

"紧张！让它停下来！"

身为领导者，你可能忍不住急于想告诉别人：

（1）你了解情况；

（2）对方不需要有这样的感受；

（3）如何尽快解决问题。

然而，也许你已经在生活中注意到，要求一个沮丧的人别那么情绪化完全不奏效。要想成功，你需要管理自己面对他人情绪的不适感，因为没有用也无助于建立你与对方的关系。

这里提供一个进行有效同理心谈话的方法：

（1）描述你看到对方现在表达出来的情绪，以表明你了解对方的感受。

（2）表示出同理心。

（3）询问与情况相关的问题。

泰茜的分享

当我 14 岁的儿子斯宾塞开始待在房间里闷闷不乐时，我看得出这绝不是荷尔蒙在作怪。他即将参加平生第一次期末考试，而那关键的一周到来之前，他过得并不顺利。可他一直拒绝让我帮他振作或是协助他做好准备。我想尽所有的办法：

哥们儿，怎么样了？（沉默）

有啥想法？（沉默）

在想什么呢？（继续沉默）

需要帮忙吗？

回应我的仍是长时间的沉默

……

最后，他终于干巴巴吐出一句："我简直要疯掉了。"

抓住这个切入点，我鼓励他："跟我说说吧？"

他同意了，低垂着眼睛仍旧一副无精打采的样子，嘟囔着自己怎么要接二连三参加这些以前从未有过的测试。然后说：“妈妈，我不知道怎么同时做到这些事。”

嗯，有了！终于有了突破！

于是，我告诉他：“我想你是害怕了，所以觉得压力很大，因为以前都没参加过期末考试。是这样吧？”

这时他抬起眼睛看着我，敞开心扉，告诉我他完全不知所措，班上其他同学好像都远远走在他的前面。通过简单地运用同理心承认和确认他正在体验的感受，能够令他畅所欲言，并且更加理性地看待问题。更重要的，这也让我们两人打破了僵局，朝共同解决问题的方向迈进。

在工作中运用同理心效果也是一样的。我们给很多课程制作了视频脚本、示范认可、同理心和与他人沟通的艺术。这里跟大家分享一个史蒂夫的故事片断：史蒂夫领导着一支项目团队，专门负责更新组织的过时系统。眼看最后期限临近，一直开展得顺顺当当的项目突然变得急迫和紧张起来，继而削弱了团队成员之间的合作关系。

下属亚历克斯向史蒂夫报告说，他很难平衡自己的工作量。

亚历克斯：所以那晚我不得不待到很晚，还有上星期五，玛西娅一天就找了我大约20次。偏要在这种复杂计算的节骨眼儿打断我。跟你说，史蒂夫，那个时候我本来可以……

史蒂夫：亚历克斯，我清楚你感受到了压力，尤其是最近几周（同理心）。你知道，大家也都开始有压力了。实际上，我们当中一些人正因为这个才没来找你问问题或寻求建议。这就是我今天想和你谈话的原因。

亚历克斯：谈什么？谈我压力大，还是谈有人对此有异议？

史蒂夫：其实，两者都有，请坐下聊。你的确会很忙，我清楚这一点（同理心）。另外我们已经到了项目的关键阶段。现在，如果在需要的时候我们得不到你的专业意见——比如你不在场帮我们，那大家就没法赶上最后期限了，这会对整个组织造成影响。

研究表明：向员工展示同理心的领导者会被认为是更好的教练。[4] 信任自己上司的员工往往更投入工作，更少感到疲劳、抑郁和焦虑。[5]

识别事实和感受

要表达“我完全理解你的感受”，有一种方法不仅让人们接受你的真诚，还会因此对你产生更好的印象。两个词可以提醒你做到这一点：“事实”和“感受”。怀着同理心回应他人时，第一步是要迅速反馈你听到的事实，这样对方就知道你的确在聆听。所以，在前面的对话中，史蒂夫说：“亚历克斯，我清楚你感受到了压力，尤其是最近几周。”以此表示他在聆听并理解亚历克斯的难处。如果史蒂夫一开始说的是“我理解你的感受”或“我也有类似压力”，那就可能是一个失误了，因为那样会使重点移离亚历克斯。

记住一个关键点，即同理心和“同意”是两码事。体恤的陈述能够表明你理解——尽管不一定同意——别人说的话。

体恤的陈述能够表明你理解——尽管不一定同意——别人说的话。

再举个例子，想象你的某个团队成员觉得自己成了局外人。带有同理心的第一反应可能是：一想到别人故意把你排除在决策程序外肯定很烦恼。这样，你就给了他一个分享的机会。根据我们的经验，一旦人们有机会发泄情绪并确信你能理解，他们就能更容易专注于当前的话题。他们会开始谋划思路、解决方案和行动，因为他们相信你明白形势正如何影响他们。

接下来，你应该表明你理解对方表达的感受，以及为什么会有此感受。为此，你要继续认真聆听，然后确认那种情感。像史蒂夫，就把亚历克斯的情绪确认为有压力和忙碌。

值得一提的是，同理心并非只应对负面情绪。当员工在为成绩感到骄傲，或者因为完成了艰巨任务而欣喜时，领导者充满同理心的话语能让他们备觉温暖。同样，识别事实和感受表明你在用心聆听并了解了情况，可以建立起亲切关系。所以，譬如你可以像许多人一样简单地祝贺某位同事，抑或可以表示强调地如是说：“你脸上的表情说明该向你道贺呢，你一定在为销售展览的情况（事实）感到高兴（感受）。我相信我们会拿下这笔生意的（加强自信）！”这样的陈述对于巩固工作关系将大有裨益。

你能听到我的心声吗?

聆听能决定你是赢得工作还是失去工作，在重要期限内完成任务还是错过目标，感觉自己是团队的一分子还是与人格格不入。

聆听能决定你是赢得工作还是失去工作，在重要期限内完成任务还是错过目标，感觉自己是团队的一分子还是与人格格不入。然而，尽管聆听是重要的沟通技巧之一，却并不总能受到应有的重视，人们似乎更看重多讲话！

领导者经常会落入光听听就够了的陷阱，也就是说，我们会聆听直到知晓答案，然后插嘴并继续交谈。或者，有时我们听着听着不同意对方的说法了，便立马提出反驳，这属于为了辩驳而聆听。又有时候，我们因为闪出某个想法很激动，所以迫不及待要讨论那个想法，于是在别人话音未落，还没表达出全部想法时中断了他的谈话。

当你倾听他人说话时，你其实是在听那些话语背后的情感。你要怀着同理心聆听——理解和感受别人的想法、情绪和经历。

聆听和表示同理心的能力，是一种能够增强工作场合及私人讨论的沟通技巧。它可以帮助你了解别人的感受，并让他们知道即使你不一定同意，也会理解他们，这是开启对话和有效交谈的关键。

重点提示：

仔细聆听，表示同理

- 对事实和情感做出回应。
- 缓解负面情绪。
- 对正面情感同样表示同理。

把大多数人用于谈话的集中力投入于聆听。

——莉莉·汤姆林，喜剧演员、作家、制片人

自我测试　这是同理心吗？

阅读以下陈述，判断它们在同理心基本原则运用上，有效还是无效。

题 1.　大家看起来似乎都对我们所做项目的方向感到疑惑。

A. 有效　　B. 无效

题 2.　那太糟糕了，但我相信你会知道如何重新安排你的时间表。

A. 有效　　B. 无效

题 3.　你看起来轻松极了，一定过了个非常美妙的假期。

A. 有效　　B. 无效

答案：题 1.A：对一个明确的事实和感受做出有效回应；题 2.B：无效，因为没有识别出感受；题 3.A：这是一个有效识别正向情感的同理心案例。

寻求帮助，鼓励参与

记住这句话："我绝对乐意帮忙，告诉我目前你的想法。"

类似这样的话，是让员工参与解决你们将共同面对的日常问题的最快捷方法之一。人们对工作的期望并不止于薪水，他们还想：

- 对如何完成自己的工作拥有发言权。
- 参与影响他们的决策制定。
- 获得关于他们必须实现的改变的信息。
- 分享他们自己问题的解决方案。

正如我们在第 2 章详细探讨的，作为新手领导者，你的任务是通过他人完成工作。最有效的方法是，花较少时间阐述你的想法和你认为应该做（并期望团队做）的事情，用更多时间询问团队的想法和意见。这种方法有若干个实实在在的好处：首先，他们很可能已经至少找到了部分答案。其次，当你向员工征求信息资源时，其实是在以另一种方式让他们知道你重视他们的意见、知识和技能。再次，你可以清楚大家有多能干并了解他们的思维方式。最后，人类几乎总是会对自己的想法更加投入。

这条基本原则可以帮助你从最重要的资源点汲取专业知识和

创意。邀请他人参与可以建立一种合作精神，激励他们全力投入工作之中。

多征求意见，少告知

古希腊哲学家埃皮克提图说过："人类有两只耳朵一张嘴，所以我们听的可以比说的多两倍。"

事实上，研究表明，在我们的日常对话中的确存在一个真实且可衡量的基准。作为真正的专业人士，你的角色是收集信息而非提供信息。欠缺聆听会阻碍跨单位的协作、破坏事业的发展，同时引发效率、信任和参与方面的问题。

与其当一个平庸的领导者，70% 的时间用于告知人们做什么，却只花 30% 的时间听取意见，不如争取成为最成功的领导人：投入 70% 的时间征询意见，而仅用 30% 的时间提建议、下命令。[6]

虽然刚开始这可能有点违反直觉，但旧习惯或许是妨碍他人参与的最大绊脚石。我们不少人由于诸多原因天生就不肯寻求帮助：因为认为那会使我们显得懦弱，或者自己必须成为超级英雄；因为觉得别人会拒绝帮助，或者自己务必一切亲力亲为。无论是什么原因，你要向自己保证能改变对待他人的方式——先征询别人的意见，将告知转为寻求意见。征询他人意见的方式可以从开放式问题开始，比如：

- 根据你的经验，你认为我们应该从哪里开始？你有什么想法？我们如何做得更好？
- 我们能做什么？
- 你觉得这个计划可行吗？

现在就开始学习

DDI评估了世界各地成千上万的领导者在常见互动情境下对五项基本原则的运用。要指出的重点是，数据并非基于调研反馈，而是基于对实际领导行为的观察。

这些对基层及高层领导者的评估分析，揭示了人们在互动过程中常犯的若干错误。虽然人们可以在某个领域展示真正实力，但是各种因素产生的合力会造成重大影响。一起运用这些行为，在工作场所能引起有效及更具生产力的互动。而数据显示，这方面还有很大的改善空间。

一种普遍会破坏有效谈话的倾向是，领导者太过依赖自己的想法。你自己或许就曾与这样的人共事，这绝不是一桩乐事。在我们评估的基层领导中，25%的人在倾听他人想法上并不有效。[7]即使他们鼓励别人参与讨论和决策，也可能会错失接下来让别人一起畅谈想法的机会。得到与你共事的人们的认同，是你作为新任领导者的一部分重要工作。

进行有效谈话的能力对于各级领导者都是非常重要的。因此，我们常常会假设已获晋升的资深领导者已经掌握了这些技能，毕竟他们为此奋斗了更长时间，对吧？然而事实远非如此。我们的评估数据发现，高管们实际上更不擅长提问和促进他人参与（无效率者达 36%）。[8] 这个赌注很大。领导者的职位越高，质量差的互动给整个组织带来的影响就越具破坏力，而且他找别人帮助自己改进的可能性也越小。

反思点

回想一下上次你与团队成员的互动。你的询问 / 告知比例是多少？提醒自己两周后再做检查。那时你的这一比例又是多少？你搜索信息、询问问题所花的时间是否比告知别人的时间多？考虑请你的团队评估你在这一连续时间内的比例以验证你的假设。

参与基本原则不止于打破我们作为领导者将自己解决问题的自然习惯转而征询他人意见，更关乎重新组织如何把事情完成的框架。寻求帮助能展示出力量，而非弱点，它将为你清出空间，释放你的时间和精力。寻求帮助重在挖掘宝贵资源，消耗最少的资源，最快地获得最佳结果。让大家知道，你寻求帮助是因为珍惜他们的时间和才华，而不是因为你感觉力有不逮。

想想你会从询问中得到的好处：这是一个加强沟通、重视同事、更快或更好地完成工作、优化自己的时间和才能的机会。

然而，有一些陷阱是要避开的。寻求帮助和鼓励参与并非意味着事事都要向所有人征询意见，因为有些人不具备提供建议的能力。另外，我们都知道询问每一个人会拖延进度，更不必说你也没法运用收集到的全部想法。你的工作是让合适的人干特定的活儿，以免过分依赖某一些人。你越了解自己的团队，就越能有效发掘集体的智慧，团队就会因此变得越强大。

虽然让别人分担你的重担不失为好事，但要注意询问方式。让自己的请求带上共享共赢的成分，譬如：

“吉姆，以你在同一种设备操作上的丰富经验来看，我们的程序手册里应该解决哪些技术问题？”

“这项变更会影响你们小组的进程，所以我们想听听你的意见。桑迪，你觉得计划A对你会有助益吗？”

“马克，通过上次的转换，我对你的团队领导力印象深刻。你可否考虑主掌这个委员会？”

这项原则的最后一个观念，对于新任领导者来说可能颇为困难：人们有时会出于某些原因提出不切实际的构思或解决方案。你可以通过解释某想法为什么不可行，从而维护他们的自尊。

更好的做法是，共同探讨利与弊，以帮助他们了解风险和负面因素。在可能的情况下，构建可行的想法。

重点提示：

寻求帮助，鼓励参与

- 以员工参与为你的第一选择。
- 释放每个人的想法和疑问。
- 鼓励通过参与承担责任。

对新任基层领导者而言，自尊、同理心和参与基本原则都是应该掌握的最强大的技能。如果你能够严肃对待这个目标，你终能成为优秀的领导者。

自我测试　确定基本原则

到目前为止，我们介绍了三项基本原则，并展示了其如何为有效的互动铺设道路。在本次测试中，你会看到这三项基本原则如何发挥作用。

阅读以下情景对话，圈出该领导的陈述所反映的基本原则。

题 1. 很抱歉你错过了会议。我知道你一直热切期待能在会上分享你收集的资料：

A. 自尊　　B. 同理心　　C. 参与

题 2. 你制作的图表很有用，所有人都这么认为，你突出了很多复杂的信息，使会议进展神速：

A. 自尊　　B. 同理心　　C. 参与

题 3. 实际上，有人问起他们的部门是否也可以获得类似的分析。我想和你一同看看咱们可以如何最好地响应他们的请求：

A. 自尊　　B. 同理心　　C. 参与

题 4. 我清楚你现在正为其他项目忙得晕头转向：

A. 自尊　　B. 同理心　　C. 参与

题 5. 所以，我想知道你有什么主意可以帮忙实施这一任务：

A. 自尊　　B. 同理心　　C. 参与

答案：题 1. B；题 2. A；题 3. C；题 4. B；题 5. C。

在接下来的章节里，我们将介绍最后两项基本原则，并探讨如何在谈话中使用这些原则，从而在你的团队中建立信任和责任感。

你的工作是确保你的所有员工富有生产力、工作投入，同时充分发挥他们的最大能力

第 7 章

领导力是一种互动 II

如何建立信任和责任感

从前一章你已经了解，在谈话中运用前三项基本原则会让你的团队成员体会到受重视、被聆听和参与感。本章所探讨的两项重要原则将帮助你培养员工的信任，促使他们对自己的成功担起责任。

分享观点、传情达理（建立信任）

这里主要讨论的是信任。

雷亚费了一番苦功才认识到信任的重要性。在接任一家工程公司的销售总监时，她就料到马上会失去一些人手。她想，这是总要发生的事。但在新岗位工作几个月后，她的一个重磅级销售员亚伦决定加入公司的另一个团队。这可能会是个很头痛的问题，雷亚知道她必须为他的离职做好周密安排。亚伦手上负责的交易十分复杂，而且已临近紧要阶段。令事情更加麻烦的是，他掌握着部门的最大客户。雷亚说：“我让他别告诉客户他就要离开本部门，我需要时间寻找替补人选，这大概得花两个月。”

一个月后，雷亚收到了来自亚伦的最大客户（她最担心会疏远的一个客户）的紧急邮件，询问亚伦离开后他们的账户会有何变动。雷亚非常烦恼，但值得称赞的是，她尝试事后理解亚伦的行为。

雷亚告诉我们：“亚伦是一位人脉极广的销售员，他和很多客户的关系特别好。回头想想我应该清楚，叫亚伦别把他即将变换部门的消息告诉给他的客户根本就不可能。”

但她气愤得找亚伦对质，以至于亚伦十分抵触。

他表示：“那些人都是我朋友。你根本就不明白。你以前没干过销售工作，所以你不晓得自己能和这些人发展起什么关系。”

雷亚透露，她选择了给亚伦做出负面的绩效评估，理由是他认为自己的人际关系比公司的需求更重要。

雷亚表示：“我希望他再遇到类似情况时能三思而行。”

但她其实不敢肯定自己的做法。他只是觉得自己对他们隐瞒了重要的事情。

在职场上，分享观点、感受和决策背后的理由有利于营造一种相互更加信任的环境。当领导和团队成员坦诚相待，他们就能鼓励他人（直接下属、同事甚至客户）也同样坦诚。这除了让每个人都更具效率外，还能帮助经理避开像雷亚遭遇的那类棘手情况。她认为亚伦会遵守他答应做的事，可她未能让亚伦明白她之所以需要他合作的复杂原因，所以错过了一个得到他理解的机会；而因为不理解，于是他把她请求的保持沉默一段时间，当成了建议而非期望。也许更重要的是，由于没能让亚伦聊聊他与客户的关系——尤其是他如何与客户建立起信任，雷亚可能意外给公司和员工的工作造成了损失。倘若分享做出决定的理由，她本可以和亚伦共同制订一套解决方案，从而满足全部人的需求。

分享你的观点、感受和所做决策的理由，可以让大家知道你信任他们，甚至能让他们看见你内心的想法。你可以通过满怀信心地和他人探讨这些问题，来展示你对他们的信任与尊重。这有助于他们了解你的同时，鼓励他们向你敞开心扉。随着信任和理解日渐加深，人们将能够更加开放和有效地交流沟通。

为了理解这一基本原则的运作机制，可以把自己想象成一座冰山——一部分露在水面上，大家可以一目了然：这是你最乐意让人们看到和了解的部分。但是，和冰山相似，大部分的你——你的动机、信仰、情感、观点和理由——其实都隐藏在表面之下，这是更深层次的你。让人们认识这部分的你正是分享基本原则的本质内容。

图 7.1　冰山一样的运作机制

分享理由

分享理由帮助人们理解和接受新的想法或决定。当大家知道了做某事的理由，他们就能更好地工作，因为没必要多加猜测——他们已经清楚发生了什么。这种情况帮助所有人更顺利地开展工作，就这么简单。

安德鲁在一家科技公司担任设计师，当一个月内第三次发现自己团队的项目又被仓促分配给其他团队后，他终于火了。是工作没做好，还是标准程序就是如此？

他说："不仅没人告诉我们到底怎么了，或是什么时候、为什么事情变成那样，主管还叫我们只做好新派来的任务，别那么情绪激动。"

可大家就是感觉每个人都在骗他们。

“发生这类事之前，我们会在有关会议上看到（我们的主管），他显然并不喜欢这种运作。”

如果安德鲁的主管说：“嘿，我明白你们对我们重新分配项目的方式感到郁闷。这可能会让人感到混乱，或者觉得我们对你们没信心。其实完全不是这么回事，我来向大家说明我们要采取哪些措施及其原因。”那么，结果会怎样呢？这样的理由会起作用吗？我们相信会。

分享观点

倘若你分享完成任务、解决问题或改变局面的方法，抑或只是分享你对有关情况或问题的认识和意见，你的团队也将获益匪浅。不过，正如前面我们对“参与”基本原则所讨论的，你的目的不应该只是告知——所以，请仅仅分享别人能寄望的想法、观点和经验。慎重一点，别无视他人的想法或光顾着自己一人从头说到尾。

珍惜机会分享自己的经验，特别是你犯过错误的经验以及从中获得的教训。如果经验给你的教训能帮助他人，请务必把它呈献给大家，这种坦诚披露是建立信任的一个有力方式。假如团队成员不信任自己的领导者，那么领导者想通过他人完成工作也将事倍功半。

下面是一些分享观点的例子：

分享经验：我第一次主持团队会议时，准备了很长时间。但我没想过要向任何人咨询对议程的想法，所以我遗漏了一些重要议题。

分享观点：总体而言，这是一个可靠的计划。但有一件事你可以考虑考虑，那就是调整好两次测试之间的时间，然后重新测试改进后的产品。

恰当地分享感受

信任就像我们呼吸的空气。它存在的时候没人真正注意到它。可一旦失去，所有人都能看见。

——沃伦·巴菲特，伯克希尔－哈撒韦公司董事长兼首席执行官

你对团队成员或问题抱持的感受，往往属于水面之下的冰山底层部分，有时还很难让这些深层次的情感浮到表面上来。

但是，分享感受是一项便于沟通和建立信任的理想技巧。当人们明白你信任他们、愿意分享你的感受，他们多数会对你更加坦诚。这种相互信任有助于彼此理解并维系良好的工作关系，可以是类似这样的话："坦白说，我很担心我们不能善用合作伙伴反馈来的意见。如果大家不根据他们的建议做些改变，也许以后他们就不会支持我们了。"

因为这很可能是新领导者面临的挑战，所以我们要额外提供两项提示。首先，分享感受时，考虑从真正的个人角度出发，譬如你当前的情绪，你过去做出的糟糕决定和相应的意外后果，或者你的弱点和缺点。自己坦陈的这类个人行为，将帮助团队成员和其他人更清楚地了解你本人。那些重要教训在鞭策你的同时，也能加深你与他人的关系。但是，和任何事情一样，要注意信息

披露的适当性。只分享直接关联该状况的真实情感，这有利于人们能在某种程度上聆听。例如，倘若团队的每一个人都在抱怨新的审核流程，那么在公司会议上花半个小时倾诉你的失意既没有效果也没有领导风范，倒不如承认现状，在帮助大家把抱怨抛诸身后的同时，与你的团队产生情感共鸣。

若想建立信任，就要适当透露想法

我们要再次感谢尼尔·雷克汉姆对全球主要跨国企业的销售效率做了关键调查。[1]雷克汉姆主要侧重于研究互动技能训练的影响，以及工作交流中动机和情感的重要性。他的研究显示，要建立信任，领导者必须透露自己的想法和感受。根据他的研究，信任领导层是员工的一种重要需求，他们的信任程度影响着整个组织和工作团队的效率、员工对领导者的满意度和整体创新水平。然而，请务必谨慎，不要向会利用信息对付你或断章取义的人透露想法。或者，不能在违背道德的情况下透露。有疑问时，和自己的主管或人力资源代表仔细检查你的想法。

让分享成为你的生活及领导力品牌上一个主动及持续的部分，而不应只是应对某起事件的一次性行为。你的分享可能是面向一个群体，但一对一的情况会更加有效。假以时日，随着你与团队的互动日益加深，你会找到越来越多的机会，以自然而真实的方式分享你的感受和见解。

反思点

回想一下有些时候，你非常惊讶于工作上的某个重大进展。到底发生了什么事？你当时是什么感觉？上司提前与你分享哪些事情会有助于工作？这如何影响了你与上司的关系？又如何影响了你与同事的感情？

重点提示：

分享观点、感受和理由（建立信任）

- 适当透露感受和见解。
- 解释某一决策、观点或改变的背后原因。
- 确保你的想法、意见和经验是补充而不是取代他人的想法、意见和经验。
- 坦诚相待——披露真实情感能建立信任关系，有助于他人从一个全新的角度看待问题。

自我测试　避开分享的陷阱

阅读下列语句，选择最佳答案。

题 1.　透露自己的信息多多益善，因为分享感受非常有益于和别人建立信任。

A. 正确　　　　　　　　B. 错误

题 2. 如果你不能讨论某一决定背后的原因，甚或你的感受，那么你（选择一个最佳答案）：

A. 很难提升人们的关注度，特别是当决定不受欢迎时。

B. 没能向大家提供成功完成决定所需要的知识。

C. 限制了你作为领导者的有效性。

D. 以上全部。

答案：题 1. B。有可能出现过度分享。因此，要适当稳妥地透露想法。题 2. D。披露不恰当的信息或太多自己的信息，可能会让别人感到不舒服或觉得你支配了整个谈话过程，进而导致他们关闭心扉，不信任你和你的判断。

给予支持，鼓励承担（树立责任感）

这是几项基本原则中最直截了当的一项。作为领导者，你需要给不同的人分配任务，确保员工能完成你要求他们做的事情。你还应当向他们提供迈向成功所需要的支持。你的工作是保证所有的部下具有生产力、专注投入，并充分发挥他们的最大才能。你肯定不想剥夺某人的任务并把它分配给其他人，或者往自己身上揽。那样做不仅会践踏别人的自尊，动摇别人的信任，还会累垮自己。

这条基本原则涉及的是主人翁意识——帮助你的团队完成有意义的工作，同时维持他们的责任心。回想一下第 2 章的探讨，催化剂型领导者能激发他人行动。本条基本原则是关键的领导策略，旨在部署你成为催化剂型领导者的旅程，从而帮助他人成长和成功。

《哈佛商业评论》的经典文章《谁背上了猴子？》[2]很好地阐释了这个主题。文章讲述了一则引人入胜的故事：不堪重负的经理无意间承担了下属的全部问题。例如，某员工提出一个问题，然后经理说："让我考虑考虑再回复你。"那么猴子就从下属背上跳到了经理的背上。事情的净效应就是，经理背上最终趴着一大群猴子。他没有支持员工的发展，而是回收了他们的全部责任。为什么？因为他可能在想：

- 这事如果我自己做没准儿更快。
- 也许他们都太忙了。
- 我不想放弃。我非常喜欢做这件事。大概就这么一次了。

当团队里的成员获得一项任务，他们就不仅要负责完成任务，还要负责思考任务背后的问题。为了培养主人翁精神，以下这类陈述或能创造奇迹："你与这个客户合作了三个月，应该最有资格处理这个问题。我知道你担心解决这个问题时会耽误其他工作。我能提供什么帮助吗？让我们谈谈在你处理客户问题时谁可以帮你完成其他工作。"

接管工作的诱惑是可以避免的，如果你：

• 鼓励个人或团队确认他们在何种程度上需要哪类支持。不要猜测或想当然地认为他们知道在哪里可以寻得帮助。

• 不要自认为知道解决问题的最好办法。过去处理问题的方式不一定适合现在。

• 当有人让你承担责任时不要无意识地说“好”。虽然你很可能会——甚至觉得有必要——负起责任，但这未必是最优路径。

• 探索其他方法以提供能让员工变得更自信、自立的支持。

在第二部分，你将了解更多关于这一原则的基本细节，届时我们会就分配工作、指导他人和主持会议提出更具体的建议。

重点提示：

给予支持，鼓励承担（树立责任感）

• 帮助他人思考和行动。

• 客观地看待自己能做的事情并遵守承诺。

• 抵制接管的诱惑——让大家各司其职。

自我测试　良好或卓越

阅读以下陈述。选择各组中最有效运用支持基本原则的语句。

题 1. A. 我该如何帮助你解决你与约翰的问题？你早前构思的测试似乎就是不错的主意。

B. 好像你和约翰之间有什么问题。如果你觉得有用，我可以试着和他谈谈。

题 2. A. 知道我们在TACAR公司是如何处理类似问题的吗？你可以看看我们的做法。

B. 我会好好考虑一下，看能不能想到什么法子。

答案：题 1. A 正确。　　题 2. A 正确。

前面的两章介绍了五项基本原则，我们希望你能逐渐明白它们如何成为有效的工具，在你将要进行的各种重要谈话中帮助他们满足个人需求。当然，你的终极目标是成为人们心目中最出色的老板。当我们向员工问起最好的领导者会做些什么时，他们的回答可参阅图 7.2。不出所料，最擅长运用基本原则的领导者获得的评价最高。[3]

你应该记得之前我们介绍这些技能时曾经指出，你需要成为催化剂型领导者并能激发他人的行动。在下一章里，我们将深入探讨“沟通守则”，更详细地研究如何解决与员工共同制订有效行动计划的实际问题，这对于任何领导者而言都是至关重要的。

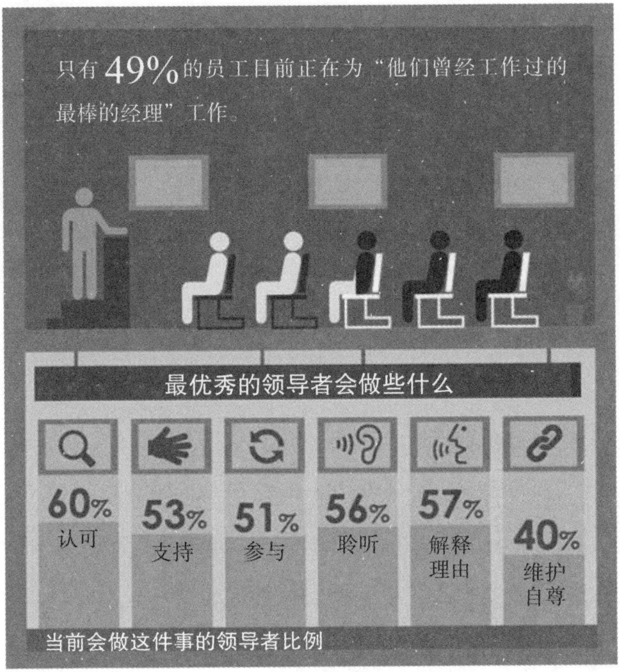

图 7.2　最优秀的领导者会做些什么

我们所讨论的内容可能有点违反直觉
但为了进行一次更快速、更富成效的谈话
你需要慢下脚步

第 8 章

五步对话路线图

采取实用的方法以取得成效

“并非大家不够尽力。但无论接到什么任务，我们常常至少落后一周。”

约翰就职于一家手机和其他设备的应用软件开发公司，这是一个不足 50 人的小公司。约翰刚接手了一支颇有才华的设计团队，但是他们无法在最后期限前完成工作。如果熬夜和肮脏的咖啡杯是家常便饭，那大家显然还是蛮拼的。

“我知道我的部分工作就是改变这种状况，”他告诉我们，“我需要对此做出评判。可除了鼓舞士气和让他们工作到很晚，我真的不知从何下手。”

在前两章，我们介绍了能让你更好地理解和谈论员工个人需要的五项基本原则。毫无疑问，那些关键人际关系技能帮助建立信任、调动积极性，所以人们才会支持你和你的想法。然而，仅仅有人际关系是不够的，完成工作仍是实际问题所在。要做到这点，你必须确保每个员工都能准确理解你对他的期望，这个可谓知易行难。为了坚持达到此目标，你需要对团队的工作有一个清晰的谈话路线图，最大限度地减少误解和未满足的期望，并让大家都能朝着共同的目标努力。换句话说，就是满足团队的实际需要。我们把这个路线图称为“沟通守则”。

沟通守则提供快速而有逻辑性的全方位对话方法，并一以贯之地覆盖人们工作中的所有特定信息。这些守则也会帮你确认员工是否理解他们被寄予的期望。使用这些技巧并非什么惊世之举，你不必非得遵循某个脚本或者变得不像自己。沟通守则用起来很简单，可以轻松整合到大多数谈话中。并且，由于应用了这些技巧的谈话往往不易跑题，因此每位交谈者最后都能想出清晰的行动计划。这有助于构建一个更快乐、更成功、更具协作性的团队。只要不懈努力、热忱投入，使用沟通守则将成为你的第二天性。

满足实际需要的五个步骤

假设你处在约翰的位子，你需要和新的团队成员展开一系列谈话：他们在做什么，怎样做才会成功，以及他们总是拖延的原因。为了确保谈话顺利进行，我们鼓励你在准备过程中关注五个步骤：开启讨论、弄清原因、促成方案、达成共识、总结讨论。为了获取连连战果，你需要展开每个一步骤。

可是，你说请等等。你和约翰一样都忙着要把一切搞定，从未提前想过和员工面对面交谈。这种情况绝不少见，许多领导者常常轻视、缩减甚至跳过个别步骤，而不是完整运用这五步沟通守则。让我们看看可能发生的三种场景。

场景一，直接跳到解决阶段：约翰可能会说：“我想和你谈谈某某项目。咱们已经落后一周了，要做些什么以便回归正常轨道？”我们打赌你肯定发现他忽略了“弄清原因”，而直接跳到了“促成方案”。或者，约翰说：“我们在某某项目上落后了将近一周，我想和你讨论一下这事儿。”反过来，团队成员可能会回答：“我来说说我打算怎么做，我已经想出办法了。”这种情况是，约翰的组员直接跳到“促进方案”，而忽略了“弄清原因”。

再次重申，这种行为屡见不鲜。我们在日常评鉴中发现，50%的基层领导者都会跳过这一步骤。[1] 当他们直接奔向解决方案时，他们就无法了解事情的来龙去脉，也失去了让他人参与的机会。另外，他们的解决方案也更可能没抓住问题的本质。

场景二，忽视他人的好点子：约翰或许会说：“为了按期完成项目，我们要考虑一下流程的效率。我的一个想法是……”换言之，约翰的做法忽略了（或未能充分利用）团队其他成员的好想法，因为他没有确认问题和潜在的原因。他只是一个劲儿推出自己的方案。同样，这也并非个案，参加评鉴的基层领导者通常喜欢用自己的想法，54%的人跳过制定方案步骤。这样一来，领导者剥夺了团队的自主权、参与感，以及对寻找解决方案的投入度。如果没有参与感，一个团队的精力和热情都会降低。但更重要的是，倘若领导者过分依赖自己的想法，就会形成连锁反应，极易扼杀诸如创新和持续改进这类重要的业务行动及举措。简而言之，假如仅有领导者提出改善型想法，只可能获得非常有限的改进成果。

场景三，过快而无法总结：领导者一旦阐明自己的观点，他们常常会略过"达成共识"这个步骤，直接进行"总结讨论"，这同样是错误的做法。比如，会议结束二三天后，约翰问某个团队成员："资料在哪里？"不想对方反问："什么资料？"约翰顿了一下接着缓缓说道："就是你说的要给我的资料。"队员满脸迷惑地回答："不是的，约翰，我是说你跟吉奥谈过之后我会把资料给你。"正如我们看到的，注重行动的约翰试图走捷径，而且他的三步骤谈话并没有产生多少效果。根据记录，43%的参与评鉴的基层领导者会跳过"达成共识"这一步骤。

所以，我们所讨论的内容可能有点违反直觉，但为了进行一次更快速、更富成效的谈话，你需要慢下脚步。花点时间计划你的谈话，以便你与团队交谈时能积极有效。这样的对话能让你避免改变对话流程走捷径，而让你能掌握全局。直到那时，你才能继续迈向一个真正可产生作用的行动方案。

图 8.1 展示了"谈话路线图"，其所描述的互动精要呈环

状。为什么？因为在你开启讨论后讨论诸多话题时，你将按照弄清原因—促成方案—达成共识的顺序逐一解决每个问题，直至全部解决，最后才是总结讨论。至于探究单个话题，你会按顺序循环——每项准则只循环一次。

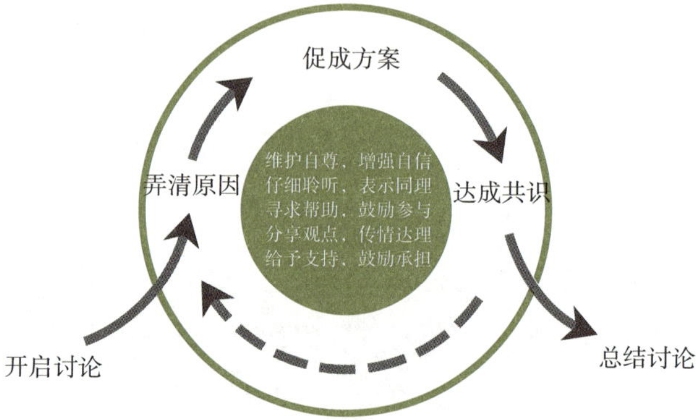

图 8.1　谈话路线图

现在我们来想象一下，约翰可以如何把全部沟通守则融入其团队谈话当中。

开启讨论：第一步，约翰宣布会议议题及其重要性："各位早上好。我要谈谈某某项目，此项目已经落后预定计划一周。基于两个原因我们必须让它重回正轨：一是这个项目来自我们的一个最大客户；二是如果我们再次延误的话，其他项目的时间也会被打乱。我想和大家讨论一下为什么我们总是延误工作？"

弄清原因：下一步，约翰需要了解发生了什么。为此，他得扮演伙伴和侦探双重角色："大家认为我们为什么会落后一周？是什么阻碍我们达成目标？"约翰提出这些问题时不带强烈的情感或埋怨。然后，他会做多数经理不做的事：聆听。根据自己所听到的，他可能还要问一些关于如何完成工作的问题，以及仍有哪些事项是员工担心无法处理的。他也许会根据自己的经验共享某些信息，然后继续聆听。如果约翰发现了阻碍团队前进的壁垒，比如缺乏组织其他部门的支持等，他会提出来。"弄清原因"这一关键步骤有助于约翰从更实际的角度，深入了解自己团队的工作。

促成方案："很好，我明白了。我们的延误是由于团队间的工作交接以及版本控制。我们该如何改善？该如何恢复工作进度？"这里，聆听又是关键所在。一旦约翰确定发生了什么和发生的原因，他就可以拟定前进的计划。约翰的任务是鼓励队员分享自己的想法，并根据澄清的状况为团队筹划下一步骤。这里应该采取对话形式，他还应该聆听行动项目并记录在日程表上。

达成共识：这是每个人做出承诺的一步。"所以，我们的计划是：简负责处理格式，杰森负责生成报告。另外大家一致同意，由我负责到营销部找人以书面形式给我们反馈情况——这在过去一直是个大问题。所有事情务必在周五前完成。大家清楚了吗？"这一步对于执行新的行动计划必不可少；达成的协议必须明确，要附上时间期限，并以书面形式呈现。否则，当你的团队在下次会议上完不成项目时，你便只有抓狂和茫然无助的份儿了。

总结讨论：约翰需要快速简要地总结谈话。聪明的做法是让另外的队员来完成这件事："艾莉森，你是项目主管，你能不能总结一下以后的步骤，重新确认大家是否做好了准备。"最后，约翰需要检查团队的整体状况："好了，大家觉得怎么样？有没有忽略了什么？我们能否让这个项目重上轨道？"

将个人需求和实际需求融合为一体

你会发现我们的"谈话路线图"（图8.1）以"基本原则"为核心，因为那些原则是各种实际商业对话的中心。你无法预测什么时候会用到这些原则，所以，当你把谈话运用于实际情况，你仍需随时准备着在适当的时候解决员工的个人感情需求。如何调整你的对话以适应对方的需求，取决于你自己。对于有些人，陈述事实就可以了。而对另一些人，你可能得多多运用同理心以确保他们感到受重视和被理解。你和团队进行的谈话能让你更加正确地判断每位队员的个人需求，以便帮助他出色地完成工作。

同时，基本原则和沟通守则为你配备开展有效讨论的技能。这就是显著差别！我们可以从图8.2见识一下，在应对员工个人需求、提出关键问题和聆听他人说话上，不断展示核心互动技能的领导者所产生的冲击力。

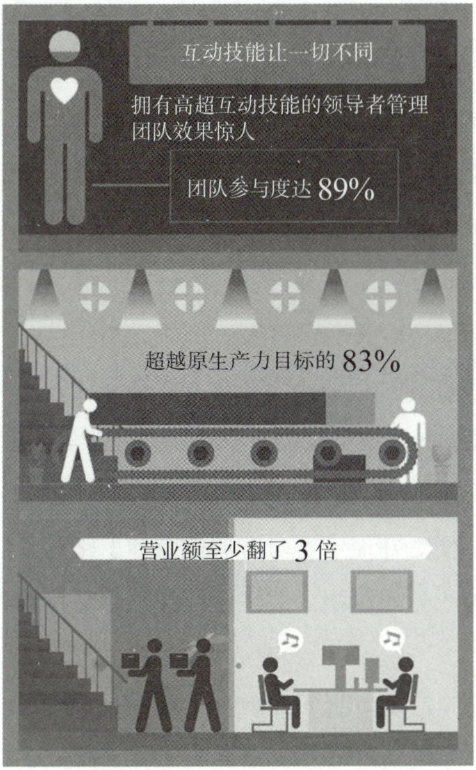

图 8.2　互动技能让一切不同

常见的领导力互动模式

DDI 观察了数以万计的领导者在常见互动情况下的表现。我们根据对主要互动行为的观察和评估，确定了一些常见的领导互动风格，虽然这些风格可能受情境影响，但是许多领导者的确偏好其中的一两种。

常见的互动模式都有其内在的优点和缺点。更好地了解自己的风格，你才能更好地利用自己的优势并控制潜在的风险。

你属于哪一类

问题解决者认为有必要代表对方解决问题。他可能会直接跳转到提出解决方案，或是简单地澄清形势然后确定解决方案。

小贴士：重点使用沟通守则中的“弄清原因”和“促成方案”原则，以便更好地了解对方的观点和思路。评估形势和提出看法时务必纳入这些因素。关注参与和提供支持，注意不要推卸责任。

询问者会问很多问题（通常是封闭式问题）。他特别偏重于描述实际情况，不太关注受感。对方当事人会时时感到在探照灯下接受考问，因此可能不愿意分享观点和想法。

小贴士：要在谈话中更加注重个人需要，可以通过基本原则里的维护自尊增强自信，分享观点传情达理以建立信任和参与感。重点使用开放性问题来提高参与度。必须寻求反馈并提出自己的观点。

关系建设者往往更关注关系，而非讨论结果。他对其他人的感受相当敏感，可能无法处理谈话的实际需求。他也不太可能解决棘手问题，经常会混淆同理心和同情心。人们对谈话或许会感觉“良好”，但是很难找到解决方法或方向。

小贴士：要在谈话中运用互动守则进一步强调实际需要。在“开启讨论”阶段，务必清楚说明讨论的目的及其重要性。在“达成共识”阶段，确保提出明确行动并核查对方是否理解。

直言不讳者认为，每个人都希望把事情摆到明面上直接处理。他对个人需求不太感兴趣，会快速搁置各种情绪反应或相关事情。他相信最好的方法是开放且诚实到“毫不留情”的地步。他凭借陈述事实和商业理念赢得众人对其观点或想法的支持。

小贴士：需要更加注重对基本原则的运用，特别是同理心和自尊心。要认识到别人不一定响应直接处理问题的方式，因此可能需要澄清与问题有关的实际情况和个人情绪。进入开放式小组讨论之前，请考虑在潜在敏感问题的一对一谈话中运用这些基本技巧。

怀疑论者无论是有意或无意，似乎都在质疑对方的意图。他喜欢尝试和测验，不太愿意探索新颖途径或替代方案。怀疑论者常常问一大串“为什么”。在别人眼中，他往往会以一种挑战的、过度悲观且很难接受新思想的姿态出现。

小贴士：需要多多运用开放性问题让他人参与进来。重点维护对方的自尊心，以便他响应提出的想法和意见，并乐意共同开发理念。可以运用分享观点和感受的基本原则来建立信任。

激励者强调积极性和机遇。接受者也许会备受鼓舞、跃跃欲试，但他们的讨论最后总是缺少明确的行动和下一步计划。此外，这些观点和想法没有受到公开质疑或挑战。谈话的积极性有可能掩盖内在技能和自信的缺失。

小贴士：需要关注沟通守则中的“弄清原因”和“达成共识”步骤。“弄清原因”阶段有利于描绘所有（正面和负面的）细节。“达成共识”阶段确保后续步骤的透明和责任。让对方参与其中，根据需要给予支持，并彻底检查对方是否真正理解。

超然者避免在讨论中掺杂感情因素。虽然他非常中立，但每每会出现注意力分散甚或与队伍疏离的状况。此外，他的心思很难捉摸。这样一来，其他人容易误解他的意图或动机，并得出他对此似乎毫不在乎的结论。

小贴士：聆听、感谢，并以同理心回应他人的情感。运用“维护自尊”基本原则表明你重视他人的观点和看法。分享有助于对方更好理解你的观点。合作发展解决方案，并在“达成共识”阶段核查是否对行动和后续步骤意见一致。

妥协者大多需要对方带头发起谈话。他看起来和蔼可亲又坦率包容，实际上缺乏自信，还可能不愿意分享自己的观点或想法。因此，他常常会错过表达自己观点的机会，逃避棘手难题，使问题悬而未决。

小贴士：要在“开启讨论”时明确陈述该次会议的目的和重要性。在“弄清原因”和“促成方案”阶段，提出自己的看法并使用分享基本原则帮助他人了解你的观点。切忌过度参与，还应确保以清晰的行动和结果总结讨论。

规划你的谈话

还记得那位和自己 15 岁儿子做一场困难沟通的领导者吗？做准备时，他使用讨论规划表协助自己仔细思考了那次重要的谈话。我们在本章的末尾附上这个重要的工具。工具 8.1 是你在谈话中能用到的最佳工具之一。正如杰出演说家会预先写好演讲稿那样（要引用整句话还是一些要点），杰出领导者也会规划他们的讨论。讨论规划表只需要几分钟就能搞定，但我们保证结果肯定令你惊叹！它会帮助你筹划在沟通守则的每一步骤应该说什么（以满足实际需求），以及什么时候应该用上基本原则。讨论规划表在网站里也能找到。我们希望它能成为你规划谈话时经常练习的一部分。

基本原则、沟通守则和讨论规划表共同演绎了优秀领导者的行为，帮助你把那些行为变成一种日常实践。我们不是说，生活中你要谈论的所有事情都需要制订计划。最终，你的脑袋会对谈话产生习惯性记忆，内化成本能地去运用这些技能而无须花心思特别关注。但是，就连高管也曾经告诉我们，当他们需要深思熟虑某次艰难谈话时（比如和表现欠佳员工进行有难度的探讨），他们总会拿出讨论规划表。筹划谈话能确保他们直面问题，传递一些不讨好的信息，征求意见，做出适当反应并解决关键问题。这类谈话对于个人需求和实际需求都是一种互利共赢。

你需要练习

正如马尔科姆·格拉德威尔在他的著作《异类》（*Outliers*）中提及的，需要花1万小时才能掌握一门技能。[2] 你不必费那么长时间来掌握谈话技巧，但你必须练习。有人说，软技能也是硬技能。（它们同样是你在工作、家庭和生活中运用的基本技术。）掌握这些偶尔也被称为情商的软技能，其实就是领导者取得成功所能做的最重要事项。是的，千真万确！虽然智慧很重要，但它无法引领你走向成功。"情商之父"丹尼尔·戈尔曼认为，总的来说成功是33%的智商加66%的情商。不过如果只针对领导者，这个数字会有所变化。成功的领导者需要15%的智商加上85%的情商。[3]

在你的领导生涯时期，你会有很多运用沟通守则和基本原则练习谈话的机会。有些人能比其他人做得好。敬请花少许时间想象一下，随着时间推移这些谈话所带来的影响，以及它们会如何影响人们评论你的领导力。你希望大家如何评价你？也许你期待的是这样：

我，领导者

关于你的一分钟戏码

场景：公司的休息室。

一位调查员进来和你的某个下属谈话。

调查员：聊聊你的上司吧。他属于微观管理者吗？他知道你的名字吗？

下属：你知道吗？我的上司从来不会把工作扔给我后就甩手不管，就算只是个拓展项目。他经常问我需要什么支援，或者问我有什么想法可以把事情做得更好。他非常了解我，了解我做的工作，了解我在意的东西。虽然他不会完全照着我的思路走，但他会征询我的意见。他会把实际情况告诉我，这真的很好。当他的决定影响到我时，他会做出解释。我可能并不总是赞成那些决定，但至少我理解他为什么那样做。最重要的是，他让我觉得很受重视，而且完全有发展的机会。

调查员：听起来他是个相当棒的领导！

下属：你说的没错！

结束

工具 8.1 讨论规划表

讨论对象______________________________日期_______________

讨论主题____

基本原则（满足个人需求）

	我的方案
❑ **维护自尊，增强自信** • 内容具体，态度诚恳 ❑ **仔细聆听，表示同理** • 陈述事实和感受 ❑ **提供帮助，鼓励参与** • 用问题来引导思维 ❑ **分享观点，传情达理** • 表露心声，共建信任 ❑ **给予支持，鼓励承担** • 细化你能提供的支持	这次讨论的目标是什么？ 我怎么知道已经完成这些目标？ 对于个人和团队的个人需求，我需要考虑什么？

沟通守则（满足实际需求）

时间

❑ **1. 开启讨论**
- 说明讨论的目的　　❑ 提出流程建议
- 明确讨论的重要性　　❑ 确保理解一致

❑ **2. 弄清原因**
- 询问并分享有关情况信息　　❑ 提出流程建议
- 找出存在的问题及顾虑　　❑ 确保理解一致

❑ **3. 促成方案**
- 询问并讨论建议和想法　　❑ 提出流程建议
- 探讨所需的资源/支持　　❑ 确保理解一致

❑ **4. 达成共识**
- 列出详细的行动步骤，包括适当的应急计划　　❑ 提出流程建议
- 确认如何衡量进展情况　　❑ 确保理解一致

（续表）

沟通守则（满足实际需求）

时间

❑ **5. 总结讨论**

- 突出计划重点
- 确认信心和责任

❑ 提出流程建议

❑ 确保理解一致

讨论后的思考

- 我说的哪些话或做的什么事特别奏效？
- 下一次讨论我要怎么说或怎么做将更有效果？

圆满执行的首部曲
从变换思维如何定义成功开始

第 9 章

收效良好比什么都重要

如何聚焦、评估和问责

对凯利来说，那一天她的上司好像是第十五次陷入了危机。

凯利说："她叫琼，但我们称她'压力催化剂'。她总是在最后一秒改变主意，毫无章法，而且没有新的补救计划。所有事情同等重要，全是重点。成功是什么？'当我看到它就会认出它。'这是她的话。"

琼的想法奇妙，但能力有限，无法把它们有效应用到工作上。老实说，她的问题一定程度上源于她的上司。她的上司属于优胜劣汰型管理者，不曾给琼指定方向或是培养她。所以，琼会因为焦虑和毫无准备而犯一些常见错误：她避免依靠上司和同事寻求支持，反倒对自己的团队实施微观管理。更惨的是，当她顶着压力，她的坏习惯就会成倍放大。

这次危机爆发时，琼正在给她的经理及其同级主管们准备一场关于潜在新业务的内部讲座，这显然是大事，但琼一直等到讲座开始的前几天，才让队员给她做幻灯片。而在大型会议召开的前一天，“压力催化剂”突然半道杀出接管了工作。她一个劲儿地更改幻灯片，东拼西凑各种词汇和概念，完全不着边际。

凯利回忆说：“团队不希望自己的名字和那些东西有所关联，她自己也要崩溃和焦头烂额了。”

凯利和同事们耗了整整一夜，陪这位惊惶失措的老板一同修改幻灯片。琼在最后关头决定放弃视觉效果。她一走进闭门会议的门，门外边疲惫不堪的队员便炸开了锅。凯利抓住第一次机会离开了这个团队。

她说：“待在那里永远没有出头之日。”

有意思的是，当你在求职面试、复习培训课程，甚至在书中阅读到领导力时，你会觉得它很简单。但像琼那样的经常性崩溃，以及随后激起的团队愤怒，是新领导者中相当普遍的现象。在期限和预算内完成工作的压力，会迅速将新手领导者推入恐慌模式。面对第一次考验时（即完成实质的工作），谁都可能变得极其关注工作本身，而把接受过的培训和收到的好建议抛诸脑后。不过，为了你自己、你的团队、你的经理和你的公司，需要走好的第一步是：开始以不同的方式思考如何定义成功。

反思点

你是压力催化剂吗？

我们身处一个“永远在线”的全球化世界，容易把“疯狂的忙碌”与努力工作等同起来。事实上，它们并不一样。想想工作中什么让你压力最大。在这个压力给别人制造麻烦之前，你该如何解决它？

“成效”里没有“我”：团队至上

当你只需负责自己的工作时，你所做的一切都能在掌控中流畅进行。你设置自己的期限，达成自己的协议，为自己寻找反馈。有人夸你工作出色，自然值得庆贺。而当你晋升为领导者时，规则就变了。现在你有责任以新的视角看待公司的需求，你需要知道如何通过更大的关系网——高层管理、新同事，当然还有你的团队——把事情做好。（当然，你可能还得自己完成一些工作。）从最现实的角度讲，如今你需要明白团队成功的要素。

没有什么神奇法则能让我们在这两者间游刃有余，但是有些行动可以大大提高你成功的概率。在前面的案例中，凯利和同事们有能力完成琼的要

> 相比之前只关注自己的成就，现在的你应该在团队成员达成目标或者有人称赞他们时，向他们祝贺。

求，但是处在不必要的压力环境下，而且对自己的辛勤劳动会事关大局毫无信心。琼没有能力使自己的工作对与她共事的所有人（尤其是她的团队）产生意义。这是经验老到的领导者应该知道的事——他清楚最好的办法是，密切注意下属如何完成他们的工作。这是作为领导者应该埋头深究的部分职责。从商业角度来说，这叫“执行力”。但实际上，这些都是为了取得成效。

执行力的三大元素

在第 4 章我们讨论了领导力品牌，以及你与员工的真诚对话如何成为一支真正敬业团队的关键因素。第 6、7、8 章介绍的基本原则和沟通守则，能帮助你处理同事的个人需求和实际需求。这些都是掌握执行力的一个重要部分。

在本章里，我们将更进一步，这比谈话更加重要。你其实是处于一个更大的商业生态系统里，你必须在整张关系网中工作，和你的老板、同事、客户、供应商，当然还有你的下属，进行互动。所有这些群体都有自己的需求和侧重点，他们将影响你如何发挥你的执行力。

你需要创造一个工作环境，使聚焦和获取成效变成你和团队的第二天性，这就是所谓的“执行文化”。要做到这一点，你必须学会运用我们所说的“战略执行”的三大基本元素（图 9.1）。

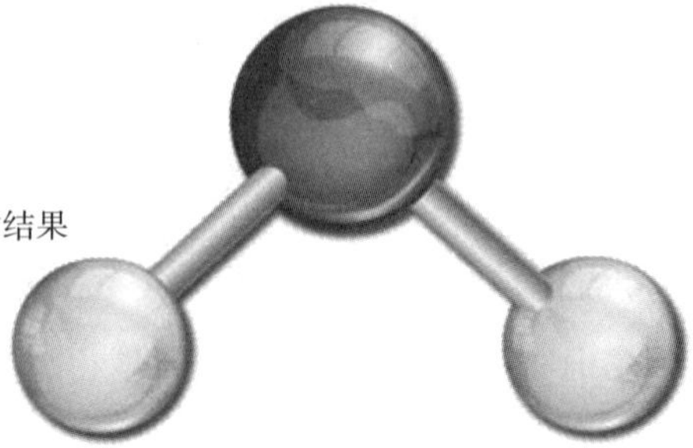

图 9.1　三大基本元素

我们有充分理由把聚焦、评估和问责称为基本元素。想想你初中的化学课上讲的，基本元素是构建生命系统的基石。大家都知道水的分子式包括两个元素，氢和氧。二者必须以适当的量组合才能生成水：H_2O。战略执行也同样如此，如果其中某个元素缺失或不足，执行力就无法生效，即便你认为是掌握在手上的所有策略也将失败。

注意，我们说的是“将会”失败，而不是“可能”失败。

即使你的团队能够实现一定的目标，譬如像琼的例子中出现的，那也并非由于你的策略落实到位。相反，那是因为个体能在困境中随机应变罢了。执行某一策略意味着你可以持续关注团队正在做的工作，所以还可能会再现成功。

所以，请先弄清楚你现在所处的位置。完成下面的自我评估（工具 9.1），以便如实地审视你需要了解哪些执行战略。

工具 9.1　我要如何执行

阅读各个基本元素的有关陈述，圈出与你目前采取此行动的频率最相近的选项。使用下方的评估量表，坦率做出回答，以便找到自己的优势和需要改进的地方。加总每个元素选项的得分，写在最后的横线上。

分值：
1=很少或从不　　2=有时　　3=经常　　4=总是或几乎总是

聚焦				
1. 我把时间和精力放到团队负责的优先重点事项上	1	2	3	4
2. 我告诉团队成员工作优先重点以及他们如何支持组织目标	1	2	3	4
3. 被紧急事件分散注意力时，我快速把自己和团队拉回到重要事项上	1	2	3	4
4. 我预期潜在的障碍和顾虑	1	2	3	4

总分：________________

评估				
5. 我评估正确的事情，所以我知道团队何时完成优先事项	1	2	3	4
6. 我一直使用里程碑来帮助团队做出必要的调整	1	2	3	4
7. 我为高优先级的工作设定期限并明确定义成功	1	2	3	4
8. 我让团队成员了解我们的优先级项目和工作进展	1	2	3	4

总分：________________

（续表）

问责				
9. 我确保实现优先事项的每个行动都由适当的团队成员执行	1	2	3	4
10. 我给负责优先事项的成员建立监督和跟踪程序	1	2	3	4
11. 我根据团队成员的需要提供指导和反馈以便完成优先事项	1	2	3	4
12. 对于每位承担责任的队员，我都会预先沟通他成功或失败完成工作的后果（个人层面或更高层面）	1	2	3	4

总分：____________

哪个元素得分最高？____________

哪个元素得分最低？____________

你的评估成绩如何？对结果感到惊讶吗？如果你和大多数新手领导一样，那么你在三大基本元素上的得分会比你想象的低很多。或者，如果你阅历更深，你可能要说："哎呀，我从不知道该投入多大的关注。"本章内容丰富，含有大量的工具表、小贴士和练习，能够帮助你发展各种技能和战术，以便你持续而有信心地执行战略。你会发现使用它们，比如雷达图（工具 9.4），将让你的职业生涯受益颇丰。

聚焦

把重点放在第一位

领导者因为要面对太多事，很容易感到不知所措。全世界都在密谋改变你的重点。每个人都需要你的及时关注：家庭、直接上司、间接上司、你的同事、团队。从你醒来的那一刻到当天结束（对某些人来说可能已是午夜时分），你都在被他人的要求轰炸。他们希望说服你先考虑他们的紧急情况。

仅举一个例子：一般来说，只有 10% 的邮件与领导者必须做的重要事项有关。[1] 在现代世界中，工作的每个人都经历过这种心急火燎的事情。如何区分紧急事项和真正要做的重要事项，取决于你。现在惊喜来了：你还要为自己的团队做这类决定。

但最糟糕的情况是，你的老板交给你一整年的目标。你认同那是你和团队的首要任务。然后，12 个月飞逝而过，你在绩效考核中羞怯地说："哎呀，时间都去哪儿了？我们还什么都没有完成。"这时你会感觉脑门上印了个巨大的"L"（Loser，失败者）。

三种可能路径

所以，你能做些什么？选择有三：

1. 变成一具疯狂的僵尸，你周围到处是好点子、会议要求，电子邮件更是塞满邮箱，可你竟然整天无所事事。这倒多了一种规模效益：你的失常举止波及他人的工作，并把僵尸诅咒传了下去。

2. 实际上你自己承担了越来越多的工作，孤军奋战，轰轰烈烈却精疲力竭。长此以往产生一种压制效应，给你增添了戏剧性的天赋。

3. 弄清楚最重要的事项，把你的时间聚焦在明确的优先任务上。

在本节我们将帮助你选择正确的途径。不过先停一停，去看看 YouTube（世界最大的视频网站）上可爱的猫咪视频吧！

（如果你会上那种当，请重新开始阅读这一章。）

分心

是什么令人们在工作中失去焦点？我们培训过的领导者证实了我们很久以前就已经找到的因素：大量的工作、有限的资源和一个让客户、供应商、合作伙伴及同事能在任何时间联系上我们的世界。诸如此类：

• 源于外部需求的改变。

• 使我们无法专心优先工作的紧急事件。

• 相互冲突的优先事项——他人需要我们的部分资源。

• 无视我们还有其他工作而要求快速回复的客户。

• 要完成的工作太多，资源有限。

所以，为了不分散注意力，你需要创建焦点。当然，说时容易做时难。当你和你的团队精力集中时，你要不断采取行动，将时间和精力投注在最重要的事情上，以达成组织的目标，同时还要平衡你的日常运营需求、客户需求和资金需求。

聚焦意味着：

• 优先考虑若干重点目标，将这一集中点与团队沟通，并定期提醒队员注意。

• 更多地关注、回顾和讨论这些目标，因为它们是团队和组织成功的最关键部分。

这是确定业务周期内你要期望通过团队完成最高优先级工作的机会。我们都期待较大的事件，比如减少处理客户订单的时间，或者更有效地满足员工需求，这些都需要你的战略焦点。现在，使用工具 9.2 确定你的三个首要优先项。为什么是三个？执行专家认为，你关注的重点无法超越三角形三条边构成的区域。（这个比喻很酷，三角形最具稳定性，可以承受因疲惫或扭曲而造成的坍塌。）另外，注意它们如何匹配组织更广泛的业务目标。假如你不了解自己的组织、部门或企业目标，和经理交流可以帮助你明确或调整这些目标。

工具 9.2　确定你的首要优先项

使用说明：

1. 在左边列出团队的三大首要优先项。

2. 把这些优先项与团队、部门或组织的广泛业务目标连接起来列在右边。

3. 请参考下面的两个例子。

重要提示：这是本章中最重要的练习，请不要跳过！你要借此记录团队的首要优先项，这是明确和驱动焦点的关键第一步。

团队的当务之急	组织、部门或业务单位目标
（示例）整合整个企业的技术数据库（财务、客户记录、订单输入系统）	提高会计系统的运营效率
（示例）将整体客户前台服务满意度提高到95%或非常满意	遵照“顾客至上”服务措施改善客户的第一印象
1.	
2.	
3.	

现在，让我们仔细看看聚焦在你和团队的成功中扮演了什么角色。比如，我们经常听到领导说：“我要忙疯了。”但是，忙碌并不代表你抓住了重点。实际上，忙疯了的工作方式会削弱你的注意力，使你从执行战略中分心。从本质上讲，这些活动（策划、行政管理、日程安排等）帮助我们管理工作，这和通过与他人互动来完成工作的方式明显不同。事实上，比起管理，人际沟通互动对于成功的领导力更加关键，造成的破坏性影响也更少。过于聚焦管理将导致工作满意度降低，人员流动率升高，领导者的参与度降低。图9.2来自《2014年全球领导力展望》调研报告，展示了领导者如何平衡自己的时间。你可以看到，当前他们花在管理上的时间是沟通互动的两倍。

图 9.2　互动与管理

你的平衡方式看起来如何呢？我们都把时间花在开会和发邮件上，这些任务消耗了我们大量的时间。让我们透过它们想想它们支持的是哪类工作。譬如，你把 25%的时间花在开会上，但如果这些会议能推进你早前列出的重点领域，这当然是好事。另一方面，如果你花几个小时发邮件，却无法推动优先项的进展，情况就完全不同了……你还得处理某些问题。工具 9.3 会帮助你确定这些活动通常消耗的时间。

工具 9.3　时间都去哪儿了

1. 下面的表格可以核查一周内至少花掉你 10%时间的活动（第一列）。如果必要，可将更多的相关活动加在列表最后。

注意：“参加会议”和“处理邮件”有意不放入列表。考虑一下你的会议和邮件时间都用于支持哪些工作。

2. 针对你核查的项目，估算你会花的时间（第二列）占一周总时长的百分比。你的百分比之和不必达到 100%。

3. 对于最耗时的活动，（在每项活动下边）标出连续时间，以显示你的工作支持你先前所提优先项的程度。

我的一周

活动 所占时间的百分比

❑ 给他人提供专业意见

[____________________] ________

非优先项 优先项

❑ 运用我的专业技术取得工作成果

[____________________] ________

非优先项 优先项

❑ 以个人贡献者身份在团队中工作

[____________________] ________

非优先项 优先项

❑ 解决技术问题

[____________________] ________

非优先项 优先项

❑ 参与解决客户问题

[____________________] ________

非优先项 优先项

❑ 制定项目方案

[____________________] ________

非优先项 优先项

❑ 根据日程表和期限跟踪项目

[____________________] ________

非优先项 优先项

❑ 监控团队成员的绩效，及时提供反馈

[____________________] ________

非优先项 优先项

活动 所占时间的百分比

❑ 使用适当的定量测量标准（比如，监控生产、质量和销售）

[____________________] ________

非优先项 优先项

❑ 跟进分配给自己的工作

[____________________] ________

非优先项 优先项

❑ 参与解决人际冲突

[____________________] ________

非优先项 优先项

❑ 与团队和利益相关者沟通进展

[____________________] ________

非优先项 优先项

❑ 为促进团队进步消除障碍

[____________________] ________

非优先项 优先项

❑ 让团队了解组织和部门的问题

[____________________] ________

非优先项 优先项

❑ 建立决策和解决问题的流程

[____________________] ________

非优先项 优先项

❑ 管理预算

[____________________] ________

非优先项 优先项

❑ 参与解决流程问题

[____________________] ________

非优先项 优先项

你发现了什么

- 对于自己通常如何使用时间，你有了怎样的见解？
- 时间分配如何影响你聚焦优先项的能力？
- 你是否从头到尾检查了列表中的更多项目？你或许已经注意

到，我们是按照从个人贡献到更多领导类活动的排序列出任务的。在列表的开始部分花费大量时间，可能暗示你正在过渡到领导层。

加入谈话吧！来我们的网站，看看我们如何管理在你的生活中干扰你工作的能量磁场。

评估

不评估就无法管理。

在DDI我们流行一种说法：不评估就无法管理。这是真正的智慧，就像指南针为你指出正确方向一样，明确的评估是进展的指示器，能帮助你回答两个问题：我们怎么知道一切顺利？我们能否成功？有时候答案并非我们喜见或期盼的。但是衡量会让你更清晰地看到自己团队的目标，及早指出你实际距离问题的本质有多远。

你无法在事后管理工作——事情发生时你就要开始评估。并且，执行力取决于认知而不是猜想，你已经到了哪一步？你现在处在什么位置？你需要到达哪里？

但是，假如你就像与我们合作过的大多数领导者，那么在你追求成为最佳团队战略和目标的执行者时，评估就是一道鸿沟。像制造业、医疗保健等受严格监管的领域，评估工具自然唾手可得。可对于很多其他大多数领域，评估无异于一大挑战。然而，因为它是你执行力成功的三大基本元素之一，所以评估并非“应该做”而是“必须做”的事。

盛传的另外一种说法是：并非所有你可以评估的东西都很重要。我们生活在科技日新月异的世界，你甚至可以追踪各类事件。但是正确地评估组织，能让你跟踪和改善其产品、服务、流程和操作的绩效。本节将帮助你决定需要关注哪类评估指标，以及如何处理收集到的数据。

过程评估指标和绩效评估指标

要取得成功，你和你的团队要能够在两个不同的领域建立评估体系。以下是所说的过程评估指标和绩效评估指标：

- **过程评估指标可预测未来的成功：**帮助评估你完成目标的能力。
- **绩效评估指标是最终的结果：**描述怎样才算成功。

过程评估指标（有时称为领先指标）操作起来像是实时诊断，向你反馈的信息能让你确认你是在轨道上、改变了方向，或是应采取预防措施以避开潜在问题。绝佳的例子有，船只用航海雷达来侦测其他船只和识别障碍物；或者，计算每日卡路里摄入量可以让某人达到他想要的目标体重。过程评估指标的力量主要在于：能显示你是否在正确方向上。

绩效评估指标（有时也称为滞后指标）用于某些事情已经发生（或发生很久）之后确认你成功与否。偶尔，倘若结果不是你所预想的，这个评估指标能帮助你区分奏效和不奏效的因素，下一次你便可以努力争取不同的结果。但这些都已成为过去时——你现在什么都不能做。大多数人都熟悉绩效评估指标的概念。实际上，你中学时期的期末考试就是很好的实例，考试是衡量你在该学期学到的知识及所掌握的程度。还有一个较恐怖的例子即尸体解剖：最终的结果是评估人类如何生存和死亡。

领导者的部分新工作就是紧密关注过程评估指标和绩效评估指标，这有助于你的团队取得成功。在某些情况下，这些指标可能会非常清晰，但有时你也许有必要自己决定指标。

安全第一

有个不错的例子：特洛伊是加拿大矿业公司的一名工程师，负责公司的安全措施。他擅长数字和评估（我们欣赏的家伙），因为十分重视自己的角色，他研发了一种三管齐下的方法，用于积极管理煤矿安全绩效。每一部分都有名称和不同的过程相关指标：领导力和培训、安全管理体系，以及一套积极的内部责任系统。

特洛伊知道，如果组织和各部门能主动完成每项指标下的活动，他们就能实现安全目标。

图 9.3 以安全日程表的形式，展示安全团队的里程碑和行动指南。当涉及矿山安全事故时，这些项目对公司来说就十分重要：频率、严重程度、车辆事故发生率等，都属于特洛伊的过程评估指标。

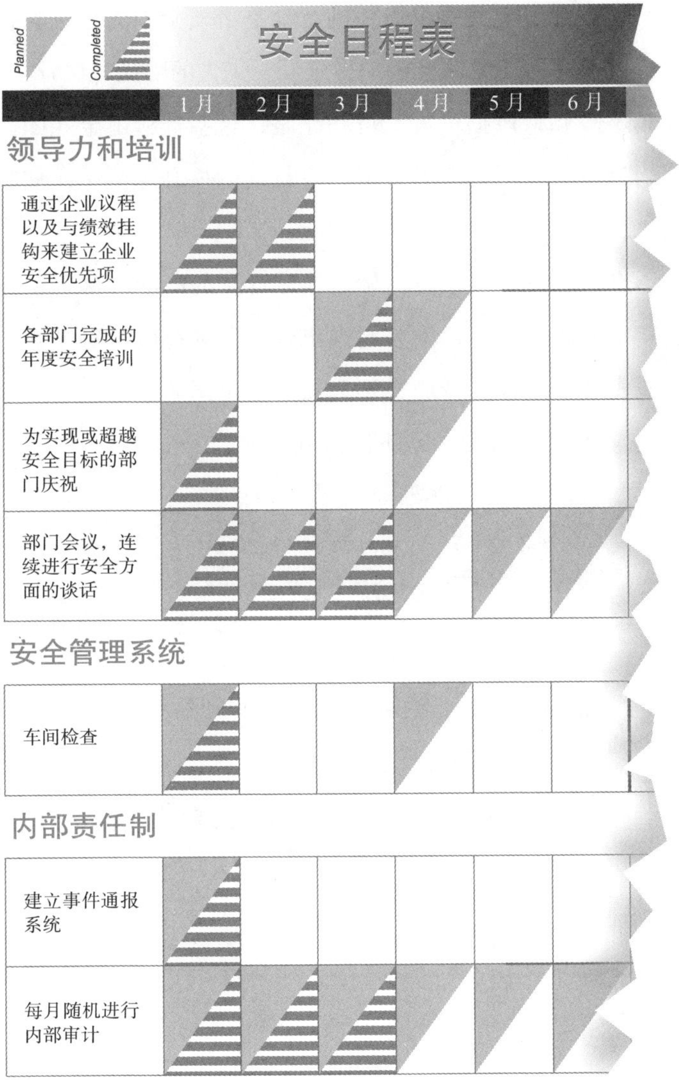

图 9.3　过程评估指标示例

公司收集了有关整个组织的行动是否安全的大量信息，这些信息可以很容易与绩效挂钩，像延误、工人的赔偿（医疗）要求、机动车事故和财产损失等。可问题是，这些资料由金融团队和设备部门把持，并不与能够采取相应行动的核心团队（比如特洛伊所在的团队）共享。

不过，这没能阻止特洛伊。他在食堂的电脑屏幕上创建了两种定期切换的图像，帮助公司做出改进以维持成员对绩效的关注度。他发现，经常更新的视觉效果能激励团队，有效提醒大家掌握他们与目标的差距，参见图 9.4 和图 9.5。

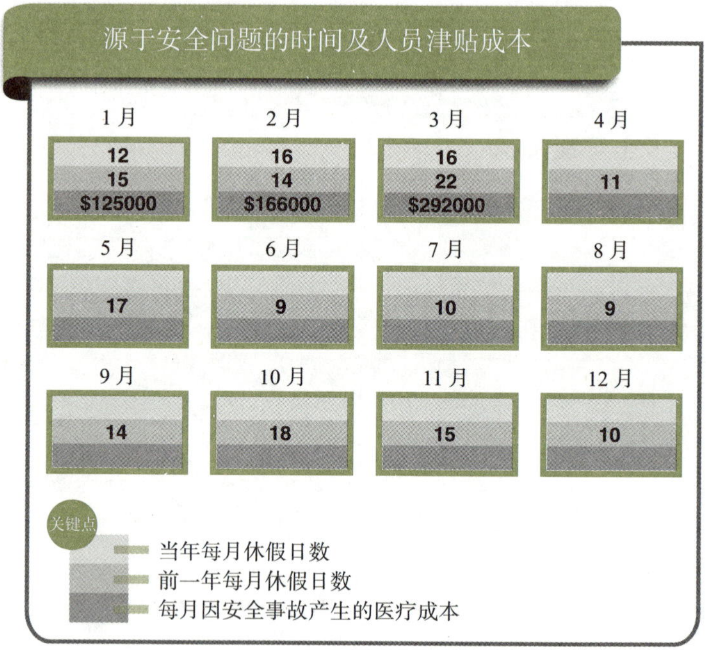

图 9.4　绩效评估指标示例 I

特洛伊告诉我们，如果不建立关键的里程碑确保达成滞后指标，他根本不可能成功执行这一程序。最亮丽的进步在于他的工作现实、具体、可观察、目的明确，而且最重要的是，可评估。

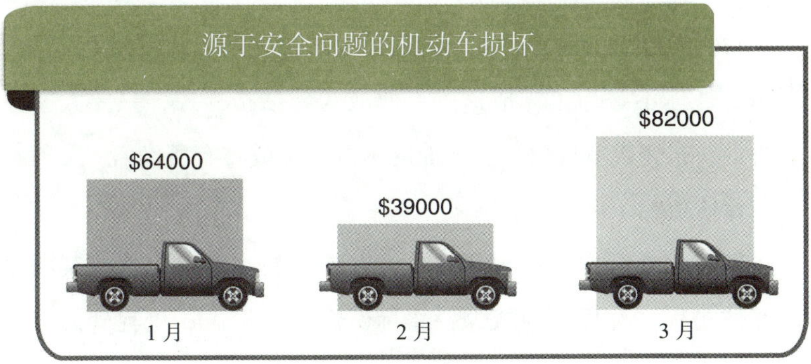

图 9.5　绩效评估指标示例 II

这样一来，五年期内所有安全成果呈现了实质性的改进。正如特洛伊告诉我们的："一项冗繁的工作，但聚焦评估指标有利于我们达成和执行目标。因为团队的评估规程，我们能看到他们的执行路线图，并能做出适当计划以备不时之需。更重要的是，评估规程有利于我正确回应老板提出的要求。老板时常会去参加会议并听到新鲜想法，回来后便希望我们尽快付诸行动。但是大多数情况下，那些想法会吸引我们的注意，把我们脱离轨道。我的意思是，我实在不喜欢说'不'，毕竟这是很令老板讨厌的字眼。可如果我让他看我们的评估指标……而不是说'不''如果需要省略一些东西……那会是什么？'或'我们已经走到半途了，如果撤走资源，会增加我们靠已取得的进展而规避的风险。’我可以更深入地解释手上握有的资料以支持我们。顺便说一句，我的团队因为挽救生命并确保我们的工作场所（几乎）毫无损伤，从而赢得了董事长的嘉奖。”

我们鼓励你为自己的团队建立评估指标并共同确认这些措施。别担心，你不必为了完成这一点而成为评估指标控，只要大家齐心协力一起完成就可以了。下面的示例指标或将有所助益。

评估指标示例

如果你觉得定义过程评估指标并不容易，可以先选择某项绩效评估指标，并思考完成这一指标所需要的标志、里程碑或促成因素。以下是关于评估指标的例子。（虽然该表只显示每项绩效评估指标对应一个过程评估指标，但额外的过程评估指标可能也很适用。）

表 9.1　过程评估指标帮助你完成绩效评估

• 团队切换统计的数目	新产品循环周期
• 出错率	质量评分
• 差异识别	工艺改进
• 员工发展计划	保留核心人员
• 指导干预	员工技能发展
• 试点项目	新产品
• 按时交付	顾客满意度

评估提示

下面的提示将帮助你为团队制定可量化和可操作的相关评估指标。

- 多少？
- 何时？
- 便宜了多少？
- 比之前好了多少？
- 比之前快了多少？
- 与什么有关系？
- 如何实施？
- 达到什么标准？
- 达到什么详细程度？
- 产生什么影响？
- 使用什么单位？
- 源于哪个基准？
- 基于什么形式/方法？
- 基于什么数据？
- 数据出自哪里？
- 如何追踪？
- 由谁追踪？
- 多久更新一次？

问责

分配工作和责任

领导者经常纠结于设定怎样的期望值，以及让员工承担多少责任以实现期望值。作为新任领导者，你的一个任务是让员工适当地承担责任，并确保正确的人在正确的时间做正确的事。

虽然有人认为问责制带有负面色彩，但只要运用得当，想完成工作的人都会接受它，甚至欢迎它。

- 问责制强化责任的重要性并明确员工的角色。
- 让他人承担责任有赖于支持问责和绩效所有权的体制。

反思点

谁来负责项目中的各个重点工作？即使是整个团队一起努力，仍然有必要由个人接手各项工作，并负责按期完成任务和明确质量标准。

让员工承担责任通常都很困难，今时今日更是如此。现代的工作方法可能更加复杂。例如，很多矩阵组织实施共同问责制，因而在决定由谁最终负责完成工作时会十分混乱。

下面举一个典型例子。一家大型化工公司把产品的毛利润（粗略来说，即赚来的钱和贸易成本之间的差额）视为市场部门和销售部门的共同责任。聚焦于金钱的工作很重要，对吧？但这里有一点很棘手：营销人员设置价格，但销售人员需要回旋余地去做成买卖，这时就需要改变价格。虽然两个部门都有责任，但是这两个部门都没有完全控制结果（此处指利润）的权限。只有明确的角色和职责才能增加实现目标的可能性。

确保问责制的最佳实践

即使你所服务的组织突然出现上述冲突，你依旧可以采取一些行动。以下是让人们承担责任的四个最佳实践。

让一个人负责一项进展评估。避免共同问责制，它会导致不作为或混乱。（但在某些情况下，多个团队成员使用相同的个体评估指标是恰当的，比如配额或等级。）如果这项工作很复杂（如主打产品发布），那么给每个人分配不同的职责是明智之举（譬如，一人负责市场营销，一人负责定价，另一人负责销售队伍培训）。每个部分都由一个人来负责，进展也应分别评估。

沟通责任，包括产生的后果。和每个人讨论你的期望，包括工作超过或达不到你制定的评估标准所带来的（积极和消极）影响。

设定监控和后续方法。和每个人讨论如何监控工作。确保你会定期跟进，鼓励员工遇到障碍时畅所欲言。

提供反馈和指导。告诉所有人你将提供反馈和指导，以保证他们获取成功。

别担心，本书第二部分会通过绩效管理、授权、指导和反馈等章节指引你建立问责制。

作为领导者，你必须展示自己的责任并期望你的团队成员和其他组织成员也负起责任。这需要保持一致性和集中精神。特别是，你必须公开制定和跟踪评估指标，并清楚说明要完成的优先事项。

雷达图

我们想向你介绍一款有助于你策略执行的工具。实际上，它把执行力的三个基本元素放在了一起：你需要聚焦的优先项，与这些优先项相关的过程和绩效评估指标，以及完成这项工作的问责制。

你的策略执行工具将全面盘点你在一定时间框架内如何使用时间。这是一个更为先进的工具，请随意使用。但如果你能坚持下来，你所取得的绩效将帮助你了解自己的日常任务如何与下列内容产生联系：

- 组织的业务优先项。
- 你的领导者角色。
- 你的个人目标和动机。

当你和经理讨论你的进步时，考虑与他分享这套工具。它同样会让你切实了解自己如何使用时间。这是讨论改进方法的绝佳途径，在必要情况下还能确认趋势、发现焦点或任何潜在的纠正措施。

以下内容包含了一个策略执行工具样例，在本书的网站上也可以找到这个非常有用的资源副本。下一步，我们要向你展示如何持续使用雷达图来管理你的工作。与你的经理一起重复这套分析，你们或许能达成共同的计划。

工具 9.4　策略执行工具表（样本）

使用说明：

1. 在下面的空白处。写下你在工具 9.2 中确定的优先项。
2. 在每个优先项下方标注所评估的成果。
3. 为每个绩效评估列出所评估的过程。

4. 在“达成目标”和“存在风险”项中勾选适当圆圈以显示评估指标的情况。

5. 标出每项过程评估指标的责任人。如果这个人是团队外成员，圈“外部成员”注明。

优先项 1：提高客户忠诚度

		达成目标	存在风险		
绩效	客户满意度提高 5%				
过程	• 24 小时内处理顾客事务请求	○ ○	✓ ○	约翰	外部成员
	• 维持 97% 或更高的个人业务精确度	○ ✓	○ ○	约翰	外部成员
	• 24 小时内跟进客户投诉外部成员	✓ ○	○ ○	克丽丝蒂	外部成员

优先项 2：增加新客户的数量

		达成目标	存在风险		
绩效	增加营销谈话，营销机会增加 5%				
过程	• 每月至少精选 30 名主要客户	✓ ○	○ ○	瑞塔	外部成员
	• 按要求在 2 个工作日内发送新客户信息包	○ ○	✓ ○	安妮	外部成员
	• 每月进行 2 次反馈调查以确定改进时机	○ ○	○ ✓	乔治	外部成员

优先项 3：降低整体业务单位成本

		达成目标	存在风险		
绩效	降低供应商成本 10%				
过程	• 每月评估 15 份新合同	○ ✓	○ ○	莎拉	外部成员
	• 削减 25% 的供应商数量	○ ✓	○ ○	查尔斯	外部成员
	• 重新商谈 10 份销售量最大的合同	✓ ○	○ ○	莎拉	外部成员

把缩写的优先项、评估指标和名称（如果相关标明“外部成员”）转化成下图，创建一个简洁的视觉表达形式，如图 9.6 所示。

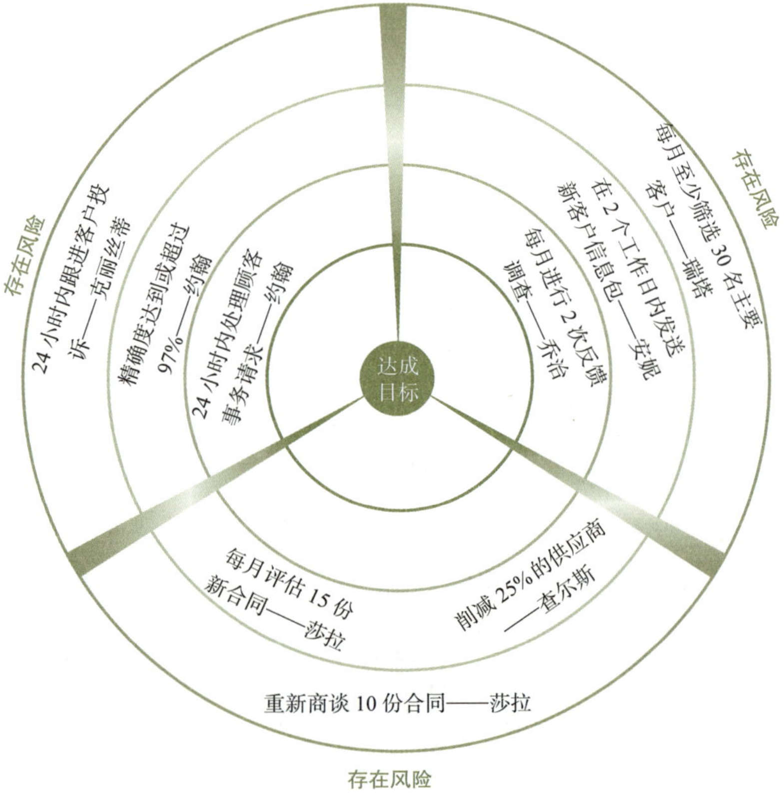

图 9.6 雷达图

太棒了，你现在正在顺利进行聚焦、评估和建立问责制。换句话说，如果能坚持下去，你终会成为执行力男神/女神！

接下来要让你的雷达图保持活跃，它将帮助你优先考虑哪些是重点事项。你甚至应该把这个分享给你的经理，他会是你最大的盟友。雷达图能促进你与经理的合作，并划分事情的轻重缓急。这里给出一些你和经理会面的小贴士。

在和经理会面时如何使用你的雷达图

1. 一起检查你如何运用时间并确定你的安排是否恰当。

提示：确保你真正达到了活动等级。

2. 根据团队和组织的战略优先项，确定你是要投入正确的时间开拓重点业务，还是要聚焦必须高度集中精力的工作或可以委派给他人的工作。探讨你坚持该项任务的原因，以及如何放手。

3. 确定优先项是否需要改变，或是否需要在每个阶段调整你所关注的活动。

4. 讨论你当前的雷达图如何与以下各项匹配：

• 你如何适当地把责任分解给团队？

• 你的雷达图是否利用了你的个人优势？

• 你的雷达图是否符合你的个人发展计划？

• 它如何反映你的个人动机？

5. 定期回顾雷达图并探讨消除现有缺陷所面临的挑战。

6. 每 3~6 个月和你的经理一起重复这个过程。

当今的领导者要带领越来越分散的团队，在责任模糊、报告关系间接的矩阵内运作，要承担需要执行策略的更大份额的工作并满足客户需求。这意味着他们的组织将前所未有地依靠他们。但同时，聚焦的挑战也被放大。

如果你处在一个需要向两名经理做汇报的矩阵，雷达图会是你的救星。在矩阵结构里，角色明确往往是焦点问题的核心。为了解决这个问题，雷达图和你的论述将确保所有人了解你对他们寄予的期待。

这样工作能够完成，而你也不需要伤透脑筋。

和你的团队一起运用雷达图

策略执行工具同样是可以与团队共享的一套精妙武器。（我们知道有位经理教会团队成员使用雷达图后效果奇佳。在报告会上，他们能够讨论工作进展以及使他们偏离目标的因素。）

我们建议你和你的团队按以下步骤使用雷达图：

• 向团队成员分享你的某个雷达图，从而示范如何使用雷达图。这能给成员提供指引与指导，也能建立团队信任，因为你让他们了解了你个人关注的领域。

• 指导每个团队成员完成自己的雷达图。然后，让所有组员遵循你和经理进行过的发展进程（参见前面讨论）。

• 在团队会议上，为团队成员创造分享彼此雷达图的机会。在此期间，优化工作量，合理利用合作机会，消除不必要的冗余，填补责任范围内的空缺。这对于团队新增成员或因成员离开需要做出调整尤为重要。

• 制订为期 6 个月的计划，检查整个团队的策略执行工具。

暴风雨中的镇定

危机中的执行力可能截然不同，实际上，常常徒劳无功。一位医院管理人员告诉我们，他们是唯一一家在美国得州飓风后当时仍开放运作的儿童医院。作为一个团队，医院直接进入危机模式。你可以通过以医院为场景的电视剧想想那种画面。人们大声叫喊着，轮椅飞快转动着，病人们等着就诊。在这种危机模式下，沟通变得清晰，每个人都准时报告，积极发布伤亡图表并用于监控病人护理流程。更重要的是，每个人都知道自己的职责所在。这种类型的流程在日常工作中十分罕见，却很有价值。多加练习你也能达到这个水平。

第二部分

精通掌握与领导力技能

早前，我们做过一个论述，现在很值得再次重复：伟大的领导力每天都在以细微的方式发生着。这些时刻拼凑起来也可能毫不引人注目，但把它们组合在一起，久而久之，它们就能造就成功的职业生涯和幸福的生活。认真对待你的领导旅程，你不仅能提高自己的能力，也能提高你周围人们的能力。在实际工作中，这些乐事将会发生在你身上，但你需要练习。

把本篇当成你每天要面对的情况的实用指南。当你主持会议，一个紧张的同事跑来敲门时，或者在你犹豫是否点击“发送”，发出那封草率的电子邮件时，你会发现自己正在做（或不做）一系列决定，以确定如何更好地达成目标，保持团队的自信和参与感。

接下来的章节重点探讨你的行为：要当一个成功的领导者，你需要做什么，什么时候做以及为什么做。你正走在成为最杰出领导者的旅途中，并要丰富你的领导力传奇，但并不是按下某个神奇按钮你就能秒变完美的领导人物，你会经历意想不到的转变、严峻的挑战和全新的体验。

在接下来的章节里，你将学会如何处理典型的领导任务，比如通往成功的指导、影响他人、遴选新员工和给予反馈。这一部分总共 13 章，每一章都有许多实用技巧，帮助你把学到的知识直接运用到工作上。此外，我们在线为你准备了更多的资源。

本章同样有很多工具，你可以重复使用来策划必要的挑战性对话。我们还提供了许多实用技术，帮助你成为更加高效的领导者。技术不但能让你在这个快速变化的世界做更多的工作，而且能够让你在团队、同事、客户以及你所在意的人们中保持领导发言权，哪怕是当你不在场时。

关于领导力的书浩瀚如烟——是烹饪书的 2 倍！不少著作写得精彩绝伦，但大多数都被束之高阁，只有一小部分能应用到实际当中。我们希望你能改变这种状态。倘若有四五样技术你能马上运用，我们就算达成了目标。假如你做到了这一点，你将踏上修成领导大师的道路！

第 10 章

遴选最佳人才

用行为预测行为

提前思考

回想一下，当你被录用或被选进一个团队、委员会或理事会时，相关的流程是怎样的？你每次都是最合适的人选吗？有没有缺失了什么？有没有领悟到什么？

结交优秀者

管理大师彼得 · 德鲁克说过，在领导者做出的所有决定中，没有什么比选拔人才更重要了。[1] 他说得没错，当合适的人担任合适的职位，业绩就会飙升。你和团队的谈话也会变得丰富而有意义，你的企业和企业中的每一个人都将受益。正如某位领导人所言：“我成功的关键在于聘雇了比我优秀得多的人。”这一意图相当正确。而事实是，大多数人并不知道如何识别和聘雇他们需要的更优秀的人才。

有诸多原因解释为什么这一点很重要。保守来讲，一个错误的招聘决策会损耗公司3倍该雇员的薪资。其他资料已经计算出，一次糟糕的聘用将花费该职位24倍的基本薪资。[2] 而对于新任领导者，一个雇用失误会令你立即付出昂贵代价，并且不仅仅是金钱上的：

• 你的信誉和判断能力会遭到团队、同事、合作伙伴和客户的质疑。

• 新雇员可能常常徒劳无功，没有效率、无法投入。这样的人可能没法完成自己的工作指标，这是领导力的危机时刻。

• 你会把时间、精力和金钱消耗在聘雇和岗位替换上。

• 如果找不到替代者，职位空缺数月对于经理来说堪比噩梦。谁来接手这个人的工作？

• 你要面临客户关系和品牌形象的潜在损害，特别是当你聘雇的差职员刚好直接与客户打交道时。

• 你的团队要努力弥补因表现欠佳而出现的缺口，还要进行内部和外部客户的损害控制。

• 解雇员工始终是法律问题。世界各地的劳动法都很复杂。你得花很多时间了解你所在区域的法律到底会如何发挥作用。

但是不需要到如此地步。你所处的独特位置可以影响明智的选才决策。本章纳入一些挑战和最佳实践，能帮你识别你需要的人才，从而实现公司的业务目标。

选才陷阱

过去 40 余年里，我们培养了成千上万名能做出较好聘雇决策的经理。我们与客户合作时，就已经开始记录他们一些最常见的错误。下面列出一些主要问题。

1. 关于完成工作所必需的特定能力，无法从求职者身上获得完整一致的信息

实际上，如果你询问一群招聘相同职位的经理对成功应聘者有什么关键要求，他们往往会交给你不同的列表。

2. 曲解求职者的信息

有些经理自以为是业余心理医生，其实试图判断求职者潜在的个人品质或天分，可能反而会将招聘经理带入歧途。让求职者用一句话描述自己，或者说出自己三个优点或缺点，效果也是如

此。在特定情况下问一些假设性问题，比如，你会做什么？而不是他实际上做了什么，同样很容易误导招聘经理。解释自己会如何处理某种情况和实际的行为根本是两回事。

3. 漠视工作动机

许多招聘经理只关注求职者的技能，仅仅询问对方能否做这项工作。但搞清楚求职者的工作动机更为重要。

4. 偏见和成见影响判断

招聘经理的偏见会对决策造成与工作职责无关的积极或消极影响。比如，经理可能会对求职者的特殊发型、所属的大学群体或是和经理有无共同爱好存在偏见。

5. 根据第一印象做出错误决策

根据个人的申请、简历、穿着，甚至一个握手就做出快速决策并非正确的方法。因为丧失客观性，准确度难免降低。面试时，第一印象绝不应该成为永久印象。

6. 填补空缺职位的压力会影响判断

填补空缺职位的压力源于各个方面：这个职位空缺多久了，对企业或资源的影响程度，或者高级主管对空岗的关注度等。按理说，选才决策不能没有正确的信息作为凭据。

7. 无法向求职者推介工作、组织或工作地点的优势

记住，优秀的应聘者可能会有高需求。任何招聘过程的一个关键部分就是你和你的组织所传递的一种积极印象。看看某个IT应聘者的故事：他十分受欢迎地拿到了三个录取机会。鉴于在面试过程中遭到首选企业的冷淡待遇，他决定拒绝该公司的录用。

面试：达成标准

实际上，今天世界上的每一份工作，面试依然是最关键的决策工具——包括你打算聘用的人。面试很普遍，所以很多领导者都会想当然，他们认为自己善于判断人的性格，笃定自己不需要正规培训。残酷的是，事实并非如此。在对数百名招聘经理的一项研究中，我们发现几乎半数以上的经理在招聘决策上花的时间不足 30 分钟——比定一个比萨或观看钟爱电视节目的时间还短。令人惊讶的是，44%的招聘经理依靠直觉做出决策。这种过分自信导致了这样的自夸：只需 10 分钟，我就能了解一个应聘者，或者能立即提出很妙的面试问题。最终，超过 50%的招聘经理从未接受过任何正式的面试培训，这简直糟糕透顶。接受过正式培训的领导，才更可能信心十足地做出正确选择。[3]

面试是一种技能。提高这项技能需要培训和实践。你无法通过阅读建立起这项技能——没人可以。我们建议你通过自己的人力资源部门，或从网上一些公开的可用选择中，寻求正规的面试培训。下面一些小诀窍可以帮助你更有效率地进行面试，并做出最终的聘雇决策。

窍门 1：关注与工作相关的能力素质、知识和经验

很简单，对吗？可惜并非如此。很多招聘经理和他们的人力资源团队都无法确定，在一个职位上取得最佳绩效需要满足什么要求。更糟的是，这些要求是存在的，然而却不是面试流程的基础。

就像你所做的那些决定，你知道自己要的是什么，确保它与工作相关，并围绕着这些要求进行面试。讲一则很有趣的故事：睿奇的一个同事起草了一份择偶标准，用于做出结婚的最终对象选择，目前他们已结婚 10 多年并且生活愉快。在第 2 章我们提供了一个“成功典范”的概念，能帮助你对未来的新员工、伴侣或其他你要挑选的角色设计适当的问题。

窍门 2：用行为预测行为

行为的最佳预测因素其实就是行为。收集某人行为（和经验）的证据越多，就越能做出有效的聘雇决策。在面试中，你的大部分证据都来源于应聘者过去的行为。不过，人力资源部门常常会在招聘流程中增加模拟测试，以便获得更多的面试资料。正如我们前面提到的，领导者经常会问假设性问题，认为这可以测试应聘者的智商。不幸的是，这类问题的预测性能很差。譬如，让应聘者解释良好的团队合作，肯定和你听到的他作为团队成员的实际经历相去甚远。研究表明，基于行为的面试，比松散地提出“如果是你会怎么做？”这类问题的面试有效 16 倍。[4] 把问题的侧重点放在与空缺职位相关的行为上，可以避免另一个麻烦：假设性问题和那些与特定工作无关的问题往往违反了多条聘雇法规。

应聘者向我们透露了他们在面试时遇到的一些愚蠢问题，甚至在某些国家还可能有潜在法律风险：

- 如果我给你一头大象，你会做什么？
- 这是你的天然发色吗？

- 你有空帮我照看孩子吗？
- 你单身吗？为什么？

工具 10.1 可以让你更好地体会我们所讲的行为问题。

工具 10.1　提出行为性的问题

只问能从应聘者过去的行为中得到丰富答案的问题，这件事非常重要。以下的样本问题针对三个领域：以客户为中心、建立伙伴关系和推动结果。

以客户为中心

1. 谈谈你为更好地理解客户需求与关注而收集信息的一次经历。那些信息起作用了吗？

2. 请叙述一个你向客户过度许诺某事的例子。结果怎样？

建立伙伴关系

1. 讲讲你和团队以外人员合作并使自己和他人获益的一个实例，请详述细节。

2. 回忆一下部门里与你共事并夸你是优秀合作伙伴的某个人，那位同事是怎么说的？

推动结果

1. 实现所要求的工作目标并不总是那么容易。请描述你设法完成的一个有难度的目标，说说它的难点。

2. 谈谈你对团队或业务部门的表现非常满意的一次经历。那些成果是如何获得的？

窍门 3：寻找行为事例（STARs）

让你的面试持续关注行为信息的最佳方法是，使用一个我们称为“STARs”的简单概念。

图 10.1 STARs

“ST”代表应聘者面临的情况（Situation）和任务（Task），“A”代表应聘者采取的行动（Action），“R”则代表行动造成的结果（Result）。让我们仔细看看，面试官可能会问的“STARs”问题，以及如何揭示应聘者在团队工作中的行为。

面试问题：请描述一个你需要与他人密切合作以便完成项目的例子。你和他们是怎么合作的？结果如何？

应聘者回答：我和来自研发部及销售部的一队人马共同推行新产品（S/T）。为了配合我们的时间表，我从销售部和研发部组织了一个非正式的代表小组。我们每两周碰一次头，计划我们的行动并解决问题（A）。这的确是团队努力的结果。由于大家的参与，我们按时召开了发布会，还得到了不少极富创意的想法（R）。

别指望应聘者每回都能给你完整的STARs行为事例，你也并不想次次都按相同的模式提问。这就需要你更深入地调查，询问详情，了解应聘者面对的情况/任务，以及他们采取的行动或达成的结果。

工具 10.2 提供了几个完整或不完整的行为事例。在你付诸实践时，请确定缺少了哪些行为事例组件。

工具 10.2　寻找行为事例

说明：从下方应聘者的回答中识别缺失的STARs行为事例组件，运用后面的答案要点检查你的回答。

S / T =情况/任务　A=行动　R=结果

领导提问 1：请给出你完成某一时间紧迫项目的例子。你是怎么在截止日期前完成的？（招聘经理在寻找策划/组织能力的行为事例。）

应聘者回答：我在一个IT团队工作，安装新的客户分析软件。我的老板压力很大，因为要在 8 月底前完成，我们只有 30 天的时间。实际上，我们提早 3 天完成了项目。

缺失了STARs中的哪一项?

领导提问 2: 能否跟我谈谈在过去两年中你做过的某个最困难的决定?是什么让你对所做的决定感到满意?(招聘经理在寻找决策力的行为事例。)

应聘者回答: 我被要求为我们即将推出的新产品推荐一个营销主题。我仔细分析竞争对手并亲自找客户谈话。另外,我在网上做了一些市场调研。最后选出两种可行主题进行了赞同/反对分析。

缺失了STARs中的哪一项?

领导提问 3: 有时,我们需要和他人合作,但他们似乎又都有自己的议事日程,很难完成我们的目标。能否给出一个你实在无法和某人合作,但他又能给予你帮助和支持的例子?你是怎么处理的?(领导者在寻找影响力的行为事例。)

应聘者回答: 我和玛丽去吃午餐,并讨论相关项目和最佳合作模式。我认真地听她的故事,最后得到了她的支持。

答案要点:领导提问 1.缺少行动。没有提到应聘者实际上是如何按期完成的。领导提问 2.我们知道应聘者面对的和他所做的决定。这里缺少成果,或决定的结果。领导提问 3.在这个回答中,有行动和结果。缺失的是情况或任务的背景材料。

窍门 4：面试的是“将要做”和“可以做”的事情

当然，一个应聘者的技能和过去的行为是预测其表现的最佳手段。最终的工作满意度、留任以及绩效也可能由于一连串的动机而决定，也包括了对方与你的关系。我们来看看这个例子：假设你要招聘一名助理，帮助经理处理复杂且高度引人注目的项目。应聘者可能有优秀的策划能力，但是不喜欢合作或者管控。作为一个高度独立的个体，这个应聘者可能并非这项工作的最佳人选。

动机方面的例子还包括外部客户关注、工作复杂性、细节导向和快速晋升的期望等。作为选才过程的一部分，你有责任评估人才的工作动机。这意味着你要辨别工作中固有的部分，并把它们和应聘者的动机匹配起来。所以，你不能这样问：你喜欢多样化的环境或一份需要注意细节的工作吗？对方十之八九都知道你为什么会那样问，并且会回答“喜欢”。你要使用类似我们前面描述的行为问题。比如，和我说说一项需要高度关注细节的任务。你之前是怎么做的？达到了怎样的结果？你对这项任务满意吗？

工具 10.3 帮助你识别一些关键的动机，你可以用它作为提问的基础。

工具 10.3　动机很重要

DDI 的研究已经确认 30 种员工满意或不满意的常见来源。在以下的练习中，使用等级来判断招聘工作中哪些项是普遍的需要。

有些动机可能对某个单一角色来说很普遍，但其他动机可能会跨越多个角色。你的工作是确保收集到应聘者的面试或背景数据，以便决定应聘者的动机和你招聘的岗位需求是否匹配。

等级：

LO：工作或组织中出现的机会很少

SO：工作或组织中有一些机会

MO：工作或组织中有很多机会

等级	动机
	成就——满足不断增加的工作挑战
	报酬——获得高工资或丰厚的金钱补偿
	复杂性——执行复杂的工作任务或复杂项目
	持续学习——在环境需要更多的学习时增加知识和技能
	细节导向——致力于需要非常注重细节的任务
	正式认可——获得（组织内外）正式认可的成就
	重视行动——朝着积极的方向应对问题和机会
	挑战现状——注重提出问题和挑战规范标准以实现突破性进展
	社会责任——支持和参与团体活动
	持续改进——注重不断改进过程、产品、服务并探索创新方法以完成工作
	以客户为中心——注重理解、达成和超越客户的需求，并最大限度地提高客户满意度
	跨部门合作——在公司部门之间培养相互依存、合作和相互交流的气氛

窍门5：不单干

最后，由你决定要留下谁。然而，和其他关键决策一样，别人的参与可以提高质量。人力资源部筛选应聘者时，选才决策会以你的面试为依据。我们建议在面试过程中增加一两位同事。你可以选同行骨干、你的老板或人力资源部的同事，甚至是团队成员。我们还建议你们分配好各自的领域和要提的问题。我们听到过很多应聘者疑惑地问，怎么三个人都问一样的问题？这里的目标是多方了解应聘者的能力，然后运用行为事例有系统地集合信息，对应聘者的能力达成共识。

窍门 6：核查推荐信

做出任何招聘决策之前，核查推荐信是非常必要的。应聘者通常都被要求提供推荐信。而推荐信一般出自曾与应聘者共事的人——前老板、团队成员、客户、大学教授、供应商等。审查应聘者的简历，寻找有关的推荐信。我们记得曾有一个应聘者在某家公司工作了两年，却没有相关的推荐信，于是我们跟进走访应聘者以前的主管，得到了让人吃惊的回答——他的表现一塌糊涂。

你可以从推荐信中得到两类信息。第一类是验证应聘者提供的实际情况，比如实际参加工作的时间、工资、工作经历、教育水平和工作经验等。虽然并不典型，但有些应聘者的确会扭曲事实甚至从头到尾谎话连篇。肯尼斯·科查从微软辞职后，人们发现他并未获得自己宣称的斯坦福大学公共管理学位。雅虎前首席执行官斯科特·汤普森也曾列出他从未获得计算机科学学位。如果人力资源部同人也参与招聘流程，他们通常可以负责推荐信的核查。

第二种类型的推荐信核查需要由你实行，主要是为了进一步调查行为描述。比如，经过几轮面试后你仍然担心应聘者与棘手客户交流的能力，那你可以要求提供推荐信以获得附加的行为事例样本，这能减轻或证实你的担忧。

窍门 7：推销职位和你的公司

无论劳动力市场上人才充裕还是紧缺，你真正想聘雇的人往往都有高要求。你在面试前、面试中和面试后如何对待这个人都有可能影响他的最终决定。遗憾的是，很多应聘者都给他们经历的公司选才流程打了很低的分数。一项研究显示，42% 的人觉得面试官对他们的职业目标不感兴趣；只有 42% 的人对那份工作有热情。应聘者觉得大约仅 1/3 的面试官达到专业水准！[5]

如何保证你所面试的应聘者对你和你的公司有良好印象？

• 使用本章提供的窍门。

• 花时间询问他们的职业目标以及他们为公司工作的动机。也给他们提问时间。

• 准备好推销公司和这份工作的优势。用行动表明你欢迎这位应聘者。

• 注重细节，比如准时、向应聘者打招呼和及时跟进。这些动作都将产生效果。

• 记住以下的简单规则。你真正想留用的应聘者可能已经获得多份录取通知书。甚至那些你不想录用的应聘者今后都可能成为你的客户。所以请用同样的态度对待他们。

窍门 8：维持合法性

在很多国家，不少企业因为招聘经理处理选才过程的方式而陷入官司。你和你的企业必须遵守法律和准则。几乎所有的官司都与歧视有关，也因国家而异。好在，你不必得成为律师才能避免诸多常见的歧视做法。本章的很多窍门不仅帮助你做出正确判断，同时也帮助你做出更公正的决策。留意这些注意事项：

• 使问题与工作的能力/需求保持相关。

• 按照我们的建议关注 STARs 行为事例。

• 对所有应聘者一视同仁。在特定工作范畴内使用的选才步骤和流程应该始终一致。

• 避免自己的成见和偏见。

• 向人力资源团队寻求培训和咨询。

第 11 章

老板真正想从你身上获得什么

成为顾问

提前思考

花点儿时间回忆一下你曾经共事过的所有老板。如果你刚开始工作，那么想想你在电影、书籍或电视里看到的“老板”类型。是什么让他们变坏？什么让他们变好？又是什么让他们做出选择？

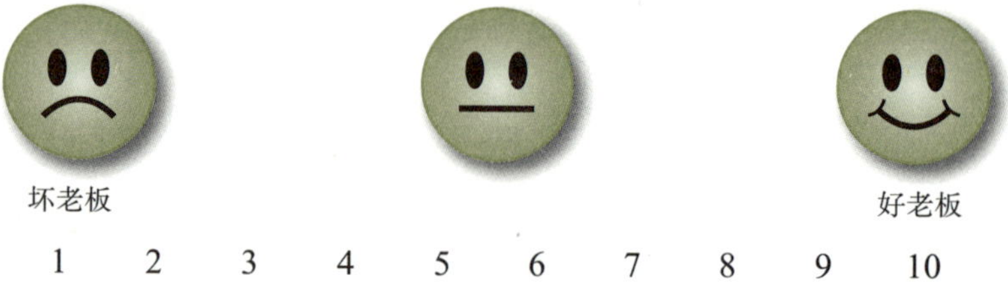

图 11.1 好老板与坏老板

在最近一次有 5000 多人参加的讨论会上，与会者在我们的展台前驻足，发表他们认为好老板和坏老板所具备的特征。你会在下一页看到部分内容。并且，他们肯定了我们先前讨论的催化剂型领导者（见第 2 章）。根据他们的回复，我们为你创建了一个为老板打分的衡量标准。如果你圈了 1、2、3，那他是个讨厌鬼；如果选的是 8、9、10，那你就是幸运儿了。

好老板的特征

- 工作和生活分开
- 激励他人
- 培养人才
- 提供指导
- 对自己和他人负责
- 给予建设性反馈
- 培养更多的领导者
- 是一个富有同情心的好听众
- 建立信任
- 树立好榜样

坏老板的特征

- 反复无常
- 只关注任务，不关心员工
- 是一个差劲儿的听众
- 微观管理
- 保留信息
- 给出非建设性的模糊反馈或没有反馈
- 不培养人才
- 忽视绩效问题
- 缺乏团队精神

当然，你现在就是老板或即将成为老板。阅读本书意味着你渴望成为好老板。的确，这世上有糟糕老板和优秀老板之分。但是如果你和多数人一样，那你大概只能成为中等水平的领导者。

重要关系

绝对没错：你和你老板的关系太重要了——能让你往上爬，也能拖你的后腿儿。如果你得不到老板青睐，那无论你表现有多好，可能都别指望加薪、晋升或获得其他特别待遇。我们的研究显示，为糟糕领导效力的人，工作忙碌却收效甚微。[1]但你们的关系状态远不止牵涉事业上的成功。盖洛普民意测试表明，好的领导者和员工幸福感之间有最直接的关系。据他们的研究人员说："当领导者选择忽视员工幸福感，他们便削弱了追随者的信心并限制了组织的发展能力。"[2]来自瑞士的一项研究甚至表明，糟糕领导与患严重心脏病的风险成正比。[3]让我们直面这一点：为坏老板效力会影响到你的家庭！

这里有一些小贴士，可以让你和老板的关系变得和谐。

选择老板

佩吉在考虑离职，因为其他部门有一个团队领导职位正等着她，还能大幅加薪。这项工作充满新的挑战，是一次学习机会，更重要的是，有机会当领导。经过两个月的考虑，她撤销了申请。原因是，这和那份工作无关，而是因为未来老板的信誉不佳。这则短故事的重点非常简明：如果你在考虑为谁效力这样的重大问题，请三思而后行。顺便一提，反过来也如此。当你接受新的角色，老板的良好声誉也应该是选择的一部分。

不要苛求老板

一句话，你的确不应该被轻视、被欺压或被虐待。说这话的同时要了解，你的老板也是人。我们听见有些员工因为一点儿小过失就蔑视他们的老板，因为他们期待的是十全十美的老板。以领导者阿伦为例，他跟我们谈起了诸事不顺的某天。在当天最后的会议上，他发了脾气。后来他表示："我没有大吼，只是很生气。"然而，阿伦的怒火对团队成员造成了一定影响，他们有好几个星期都在躲他。作为新领导，你会犯错，你的老板亦然。你可能想提供反馈，但不能因为一些小错误就把你的老板永远打入冷宫。另一方面，时常表达真诚的敬意，维护或增强老板的自尊心并不是坏事。

了解你的老板

如果你有一个好老板，他们会竭尽所能地了解如何提高你的投入以及让你有最佳表现，这有利于她帮助你更好地表现、不断地成长，并提高你的参与度。反之亦然。《领导力培养白金法则》这本书的作者史蒂夫·阿尼森认为，员工如果想和老板更好地相处，他们得认真了解老板的脾气秉性。[4] 如果以下问题看起来眼熟，那就对了，这是一个类似第 3 章"我需要知道什么"的练习，能帮助你了解自己的团队。阿尼森提出一系列问题，其答案能让你更了解你的老板：

- 他们什么时候最平易近人，为什么？
- 他们喜欢的管理风格是什么？
- 他们倾向于奖励哪种行为？

- 他们最担心什么？
- 他们在工作上的主要动机为何？

让我们看看了解老板会给你带来哪些优势。克里斯蒂娜避免在早上接受老板布置的第一项任务；她知道老板需要时间将一天的工作安排妥当；她很快熟悉了他移交管理的风格；她从不会在细节上让老板失望。里卡多是汽车生产设备监理人，获悉自己的经理要负责全厂的精益项目。他非常尊重老板，知道这个项目至关重要，所以想办法帮助老板取得成功。

以良好的方式出发并保持下去

不管如何选择，你和老板的关系都是双向的——要么好，要么坏，要么一般般。并且，像其他关系一样，一段好的关系不仅需要投入时间和精力，还取决于你本人。所有的关系都始于某个不俗的开端，在网站上你能找到担任领导者前120天的一份检查表，有一组行动你应该和老板一起参与。以下几个问题，请在首次进行一对一会面之前思考。

- 你对你们的关系有什么期望/目标？
- 你们一起工作的潜在障碍是什么？该如何解决？
- 你需要对方哪方面的支持？
- 在哪些方面以及多长时间你们要进行沟通或保持联系？
- 你将如何非正式评估你们的关系？

（注意：这不是对你的工作做出评估，而是对你们之间的关系进行有意义的探讨。）

在你们开始创建关系时弄清这些问题十分重要，所以请时常回顾。

关注意外事件

有些微观管理老板无论你做什么都爱知道详情始末，但大多数人只是想知道发生了什么，这并非不合理要求。史蒂夫向我们讲述了一起令他和老板贾妮斯关系暂时闹僵的事件。贾妮斯正在进行一个有若干团队参与的复杂项目。在与高级经理协调项目的会议上，贾妮斯发现因为史蒂夫团队的一些技术问题，项目将延期三个月。史蒂夫告诉我们："她非常不悦，我应该提前告诉她的。"

寻求帮助解决问题

还记得第 6 章讨论的这项"寻求帮助，鼓励参与"原则吗？我们期待你和你的团队能常常运用它。你希望你的队员们在解决问题和面对机会时能自己想办法。好的老板很少告诉你如何解决问题。相反，他会根据自己的经验给你提一些如何应对新挑战的建议，所以寻求老板的支持很有意义。此外，还有一个额外的好处：没有什么比让领导感觉被需要更好！这里的关键就在于把你的老板看成一笔宝贵的资源，可以帮助你完成你的工作。

成为一个顾问，而不是牢骚大王

我们的老板碰巧是个好老板，最近他召开了一次极具挑战性的商业规划会议。他像往常那样，给出风趣但颇有常识的忠告："我喜欢和积极的人在一起。我愿意和那些面临挑战时有想法和见解的人一起工作，而不是牢骚大王。"当你能帮忙解决问题而不是制造问题时，你的老板对你的尊重会成倍增加。不要误以为这是在巴结讨好老板，要让自己成为一名受人尊重的顾问。如何知道自己做得好不好？很简单，当你的老板开始寻求你的想法和意见时，你就成功了。

退一步海阔天空

忙碌的工作节奏意味着，你很可能把注意力都放在了“完成任务”上。无疑这会渗透到你和老板进行的绩效考核、项目更新、指导、计划等各种讨论中。那么，有时候需要轻松一下，花点儿时间建立你和老板（或他人）之间的关系。你的思考和交谈偶尔也要关注你们关系的质量，而不仅仅是工作质量。除此之外，也许再没有其他简单因素，能够令领导者讨厌每个早上或者享受自己的工作了。

第 12 章

敬业度与人才留任

创造激励人们的环境

提前思考

想想你每次考虑辞职时，是不是觉得缺少了什么？是不是觉得事情会有所不同？是不是有些需求必须解决？回顾那一刻时，你就发现：这样做行不通，我得找点别的事情做。

也许你听过高层领导用术语“敬业度”或“员工敬业度”来描述人们对工作的感觉。

如今，寻找敬业员工是许多组织的口头禅，你的组织没准也一样。它引发了这样的问题：人们是否精力充沛地准备好工作了？对未来充满希望吗？是否全身心地投入？另一个词也在现在的组织中常听到：人才留任。员工们乐意留下来吗？抑或你总是在招聘新人？

人们选择离职，其实是选择离开那个领导者。

员工敬业度和人才留任不仅仅是流行语，还是衡量每个公司健康和潜能的真正工具。数以千计的研究显示，高敬业度团队能创造更多的利润、更具生产力（根据其既定业务目标判断）、拥有满意度更高的客户，也更少遭遇事故。[1] 就像你在第 10 章了解到的，流失、更换，然后培训新员工每年耗去企业和全球经济数十亿美元。

但经济成本还不是最烫手的问题，没有哪个组织能承受一种任由“不愉快”氛围横行的文化，作为新任领导者的你同样承受不起。

尽早并经常提高投入

让我们先来谈谈敬业度。对新手领导者来说，总会想当然地认为自己没有多少权力阻止其他员工跳槽到其他工作或者公司。从某种程度上讲，这是事实。吸引优秀人才的一些重要特性是你无法掌控的，比如企业宗旨和战略、福利以及其他特别待遇。但我们的研究发现，对个人决策最具影响力，并能让他在工作中投入全部努力和精力的最大因素，就是他的直接领导者——你。[2] 当人们对工作充满热情，他们的忠诚会带领他们越过障碍，提出新构思，并尽力协助公司达成目标，而且他们会留下来。这令你感觉压力大吗？应该不会。它会以一个非常有意义的方式让你处在引导者的位置。通过与团队和同事坦诚交心，你才更有可能驱动周围人们更加投入、更有干劲儿和更加忠诚。

> 我工作三个星期后便意识到经理没记住我的名字。更糟糕的是，他还把我误当成了别人。当然，我们都是女性，都有一头金发，但也就这些相同点了。第二个月底，在经过几次折磨人的员工会议后，他显然真的分不清我们谁是谁，也不晓得我们在做什么，他不关心我们提交的报告。于是，我在第九次员工会议前离职了。
>
> ——塔拉，数据分析师

你在本章将要学习的内容建立在第 6 章和第 7 章重要的基础工作上。你会看到基本原则如何被应用到每天的团队互动中，帮助队员体会敬业度并愿意留下来。

敬业的员工能找到工作的意义并知道他们正在不断地成长和发展。你的工作是创造最佳工作环境以实现这个目标。你需要运用自己能够掌握的所有技能，确保自己一直在研究如何让员工保持投入而避免失去动力。我们已经说过，领导力就是以不同的方式通过他人完成工作。敬业度就是你要学的一种方式。

这里有三个例子，展示领导力如何与敬业度交织在一起：

• 你分配任务并帮助员工成长时，你的员工便获得了积累经验和增长技能的机会。

• 尽量关注原因。你向员工介绍任务与公司目标之间的联系时，他们会清楚自己融入了大局。解释例行常规（如月度报表）背后的原因，能帮助员工了解所处角色对公司的价值。

• 如果你擅长在问题出现前指导员工，他们会感觉受到重视和保护，进而准备好迎接下一个挑战。

员工敬业度的最高驱动力，是员工是否感受到经理对他们的福祉真正感兴趣。实际上，只有40%的员工相信这是事实。[3]

敬业度是力量

敬业的员工充满正能量，他们热情、乐观、思想丰富。

停滞不前的员工处于中立区域，精神不振、敷衍了事，但他不会离职，他会拖慢其他人的速度。

不敬业的员工属于负能量，爱抱怨、传播不满情绪、易引发冲突。他通常会离职，往往是摔门而去。

提高敬业度

当人们被授予权力并对工作充满激情，他们的工作效率、士气、绩效会显著增加。作为领导者，你可以通过提出三大要素提升员工敬业度，了解大家关心的问题以及他们的工作满意度。我们发现，这些要素全世界通用，适合于大多数人群，无论年代、性别、工作类型、种族、国籍和地理位置。我们称之为敬业度和留任驱动力：

- 个人价值——得到赞赏和鼓励。
- 有意义的工作——我所做的事情很重要。
- 积极正向的环境——这是一个工作的好地方。

作为新领导者，你的部分工作就是帮助员工确定他们的工作源头和职业满意度。通过一系列关于敬业度的谈话，你能促进员工把他们想实现的愿望和工作联系起来。然后，由你创造一个能让他们克服困难并茁壮成长的环境。团队中的每一个人对于成功的要求不同。了解他们的敬业驱动力能帮你做到这一点。

表 12.1 列出了这些驱动力、它们代表的工作价值观，以及你

表 12.1　敬业度谈话练习

有意义的工作	积极正向的环境	个人价值
目的、信息、积极性 ❑ 什么能让你对你的工作非常满意？ ❑ 你知道你能为组织的成功做出多少贡献吗？ ❑ 什么能让你更加积极地工作？	**尊重、协作、信任** ❑ 如何更好地完成工作？ ❑ 你会如何描述与他人合作的理想工作环境？ ❑ 哪种改变会让你目前的工作或工作环境变得不同？	**发展、赞誉** ❑ 你有哪方面的技能、专长或兴趣是我们现阶段没有注意到的？ ❑ 你想获得哪些方面的成长和发展？ ❑ 你更喜欢获得怎样的赞誉？你认为自己应该得到怎样的赞誉？

在个人敬业度谈话中可能会向团队成员提出的一些问题。你觉得当你提出这些有关工作观点问题时，他们会有什么样的反应？

现在你可能开始明白，为什么你本人对于员工敬业度如此重要。作为基层领导者，你对刚刚提到的每一项驱动力都有直接的影响。不仅如此，你还具有个人影响力。（关于影响他人的详细内容，见第20章。）你的员工自然希望你对他们的日常工作提供方向和支持。听起来很熟悉吧？确实如此。这是运用于众多实际领域的互动技能——基本原则和沟通守则——中的一项。你解决员工实际需求和个人需求的能力，对于创建一个令人们感觉工作有意义的环境将大有助益。（你也会成为一个更快乐、更高效的领导。）我们鼓励你使用互动技巧来策划你的敬业度谈话，以便解决双方人性化的需求。

提醒：

互动技巧有两个部分：

基本原则——帮助处理员工的个人需求

沟通守则——帮助处理员工的实际需求

提高日常工作敬业度

如果你想和你的员工讨论他们的感受、他们有多重要，或者他们想发展技能需要些什么，你就必须好好做准备。第一步是要和员工做一个真正的接触。但这谈何容易，如何提高敬业度的谈话可能会让你不知如何开始。图 12.1 提供了一些可以令你感到比较自在的指南。

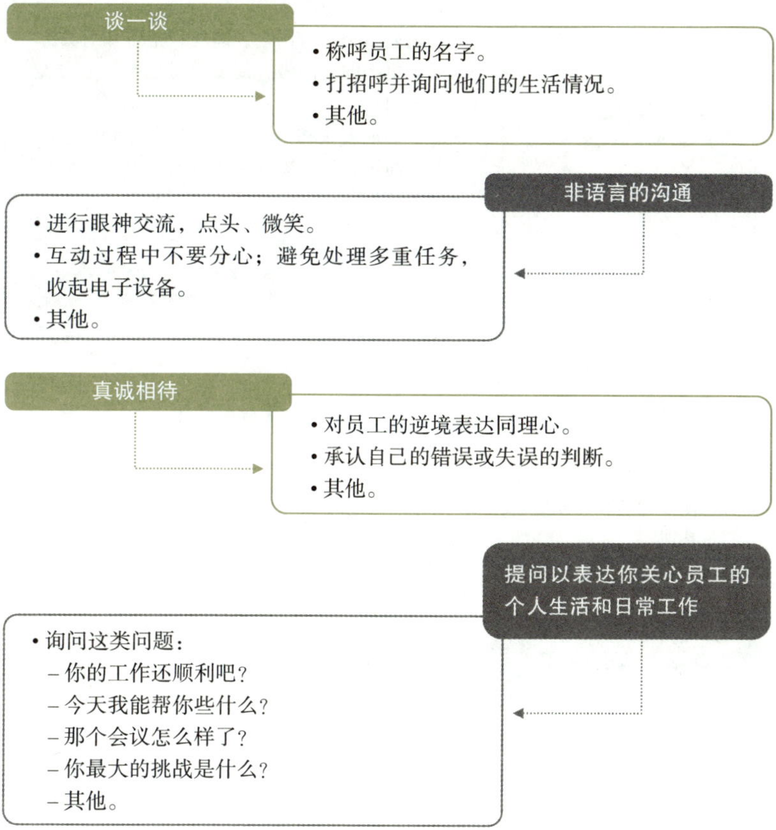

图 12.1　让员工参与的简单小诀窍

尊重他人的时间和努力

- 当你需要个人帮助或是对他的工作表示欣赏时，真诚地说“请”和“谢谢”。
- 询问“可以耽误你几分钟时间谈谈吗？”或者“现在方便说话吗？”
- 对沟通给予即时回复，即便只是告知对方你需要更多的时间做答复或是对他人的努力表示感谢。
- 准备参加会议和电话会议。如果迟到了，发一个简短邮件或短信通知他人。
- 其他。

先聆听，然后提供指导

- 提前快速记录你的评论、想法和问题，以便在完整聆听后能提供这些信息。
- 询问这类问题：
  - 让我们先听听你的意见。你是怎么想的？
  - 能帮助我更好地理解你的观点吗？
  - 你有什么顾虑吗？
  - 其他。

赞美并认可成果、建设性的努力和优良品质。

- 以个人名义写感谢信表达你的关心和感谢。
- 向某人当面道贺。
- 了解并能够详细分享人们行动、努力和成就。
- 其他。

图 12.1　让员工参与的简单小诀窍（续）

提问并征询意见

- 询问这类问题：
  - 你对……有什么看法？
  - 你认为我们应该做什么？
  - 你希望情况如何进展？
  - 你要怎么做才能成功？
  - 其他。

提问以便了解如何支持个人

- 询问这类问题：
  - 我该如何支持你？
  - 有什么是我可以帮忙的？
  - 还需要谁参与？
  - 需要我给你介绍谁？
  - 其他。

经常联系虚拟团队成员

- 使用电子邮件或简短电话定期联系。
- 通过信息与媒体的匹配，适当地应用技术。
- 在电话会议中称呼对方名字并给他们交流的机会。询问他们工作的新情况，包括成功和挑战。
- 邀请他们分享自己的经验，并让他人参与制定解决方案。
- 始终留意时区差异。调整会议时间，以免持续给别人造成不便。
- 回答问题并及时消除障碍。
- 其他。

图 12.1　让员工参与的简单小诀窍（续）

敬业度谈话：不仅仅是眼神交流

你和团队成员的每次谈话，都是了解他们的想法及背后原因的机会，同时也能让对方知道他的工作很重要。每年至少进行一次正式的敬业度谈话，可以持续关注驱动力，尽可能让团队成员以最大的精力投入工作。这似乎含有太多沉重的情感因素，然而事实并非如此，这仅意味着你认识到每个人都很独特，每个人都有可分享的宝贵经验。这类小谈话不需要很久或很复杂，但必须让每个人参与进去。如果你对员工足够了解，你就更容易让他们在工作中感到快乐和满足，并能更快地解决问题。如果你是优秀的领导者，你提出的问题会让他们从更崭新更刺激的角度思考自己的潜能。

重点提示：

- 准备敬业度谈话，思考三个驱动力中哪个因素对个人最为重要，以及为什么。
- 让对方谈谈最近的工作中有哪些事情对他有很重要的意义。请注意，是随时间所发生的变化。
- 询问他所学习的哪些知识能够激励他。这和他的工作职责相关吗？
- 保持谈话的简短、轻松和友好。如果出现与对话无关的工作问题，要获取你需要的信息并解决问题，然后安排一次后续会面。

- 考虑你要采取何种行动来提高员工的敬业度。

表扬：承认个人成就和努力

研究表明：表扬可以影响企业的获利。工作优秀而经常得到认可和好评的员工会提高个人生产力，获得客户更高的忠诚度和满意度，有更好的安全记录并能减少事故发生，也更可能留在公司。[4]

表扬对于新任领导者来说有时是一种麻烦，他们担心自己会显得不专业，或者员工会变得骄傲自满，但事实恰恰相反。所以，我们鼓励你克服自己的抗拒心理。表扬不需要大张旗鼓，但对被表扬者而言至关重要。你可以也应该在和员工的定期互动中不吝肯定对方。

我们通常想在团队成员加倍努力时做出表扬——比如他提前完成了项目、主动请缨参加新人面试，或是为小组提出流程改善。但即便员工交付任务时结果好坏参半或令人失望，给予适当表扬也同样重要。当然，这也不失为一次指导个人改进的机会。如果员工已经非常努力了，他的努力就是一个你可以在指导困境中给予对方肯定的机会。务必仔细探索他投入的努力，并表达具体、真诚的赞美。

脸书上的我问你答

问题：上司给予何种赞美让你觉得最有意义？

克里斯·阿列：我们需要获得强大的存在感，无论是在台上还是台下。我们花很长时间准备了一个非常困难的展示，并得到了反馈。之后上司对我说："你真是初生牛犊不怕虎啊，做得非常好。"我乐坏了，那真是我从未体会过的感觉。

重点提示：赞美准则

- 了解个人较喜欢哪种认可。有些人不喜欢成为会议的焦点，有些人喜欢收到个人邮件而不是群发邮件。
- 表扬他人时需考虑三件事情：他们的努力、贡献，以及结果。如果你只是赞美结果，会忘了提及他们为实现结果所做的宝贵工作。
- 了解人们如何对待自己的工作，以及为什么别人喜欢和他一起工作。要提及他的风格如何影响他人。
- 定期向高层经理报告个人成就（首先请确定你的经理喜欢的通报方式）。
- 不要忘记虚拟团队成员！尽管看不见他们，你也可以让他们知道他们是有价值的贡献者，从而培养他们对团队的敬业度。

• 手写感谢信。这个真心奏效，比以往的任何方式都奏效。

DDI 专业提示：不要认为你只要一直击掌庆祝和提供良好反馈就行了。仔细想想同事之间承认彼此工作的方式。想想一些非正式的方法，譬如根据对团队有意义的认可类型，量身定做员工成就奖。或者，直接在日常小组会议上征询同事认可：咱们这周非常忙碌，谁来大声喊出团队里那个超水平发挥的同事的名字？

但是光有这些还不够。你可以游说公司把某些事情变得更正式，像推行能让员工有机会公开感谢对方并获得有意义奖励的软件等。（DDI使用社会化网络服务软件Yammer，不过还有很多好的选择。）到我们的网站看看如何赞美个人，我们会帮助你体认到，认可文化实在是优良的商业之道。

留任谈话

无论你多么擅长保持团队的敬业度，还是会有人想要离职。聪明的领导者懂得，通过留任谈话，他们能辨别哪些人对当前的工作已不抱期望，哪些人是被其他工作机会吸引，这有助于他们挽留优秀的贡献者，他们甚至可能学到一些能让组织运作得更好的东西。

但即使你面面俱到，你也不可能时时刻刻关注每一个人。虽然你需要不断审视你的职责范围以找出潜在的留任问题，可你没法同时照顾到所有员工。你首要关注的应该是那些对你和组织有重要价值的人，以及最有可能离开的人。

重要的是，考虑谁最需要关注以及你能做什么让他留下来，从而把你的留任努力按优先顺序安排妥当。使用工具 12.1，能帮助你仔细思考这个问题。

工具 12.1　辨别要留任的人才

1. 从你的团队中选一个你最想进行留任谈话的成员，可以使用以下参照因素作为指导；核查适用于这个人的参照因素，然后在以下空白处做笔记，说明你首先和这个人谈话的原因。

- ☐ 拥有专业技能、知识和经验，这些都是重要的资本。
- ☐ 难以取代的专业技能。
- ☐ 他人难以快速胜任此人职责。
- ☐ 一直得到来自客户、团队成员和内部合作伙伴的正面反馈。
- ☐ 通常获得很高的绩效评价。
- ☐ 非常称职，很受欢迎。
- ☐ 愿意改变，不惧风险。
- ☐ 是一笔宝贵的竞争力财富。
- ☐ 其他。

2. 想想这个人离开组织的风险及可能性。

既然已经确定你应该先和谁谈话，现在就到进行谈话的时候了！通常，交谈采用一对一的形式。这是很重要的谈话，所以一定要找个安静的时间。用对方的话说，在你确定个人的主要动机后，你作为领导者的任务就是采取具体的措施让他留下来。虽然大多数人认为金钱是某人离职的主要动机，但员工也常常会因为缺少职业发展（当然还有相关的晋升）机会而选择离职。

至少有 75%的自愿离职理由可以受管理者的影响。找到你的团队个人最想要的东西，然后尽可能采取积极主动的措施加以提供。[5]

重点提示：

- 仔细想想先前和这个人的谈话，工作中什么对他最重要？
- 让对方知道这次谈话是公司想挽留他。
- 直接问一些相关问题：
  - 你感觉自己置身职业生涯何处，日后何去何从？
  - 鉴于你的宝贵经验和专业知识，我担心其他部门会挖走你。我们能做些什么挽留你？
  - 什么会让你在工作或职业生涯中有成就感？
- 问问他具体想要什么或需要什么。分享你的观点。
- 总结讨论过的问题并计划下一步。

• 如果你发现某位优秀员工是想转到机构内部的另一个团队或项目，满足他的愿望。这里的关键是，把这个人留在机构里仍然是胜利。

反思点

你是什么情况？你的敬业度如何？敬业度充满能量。敬业的领导者能够创造一个敬业的团队。花点时间反思自己的敬业度：

• 在 1~4 的数值范围内，1 表示“毫不敬业”，4 表示“非常敬业”。你如何评价自己？你的敬业度对你的下属有什么影响？

• 当你和上司分享工作中对于你至关重要的事物时，你会说什么？你会如何建议领导增加你的个人兴趣和工作满意度？

第 13 章

会议

珍惜每一个人

提前思考

当某人在会议上以一种糟糕的言行引起你注意时，简单记下你观察到的五件事，那些真的让人讨厌且又徒劳无益或只是怪诞的事情。到底发生了什么？别人如何回应？你希望他们怎么回应？如果你可以做一些不致引发冲突的事，你会怎么说或怎么做？

“如果我不是成天忙着开会的话，我真的可以搞定很多事情。”大多数人，无论是不是领导者，在某个时刻都会有上述感觉，这或许是正当理由。最近一项以1000多名英国工作者的调研结果揭示，英国在各种浪费时间的会议上起码损失了超过260亿欧元。该项研究表明，个人平均每周在会议上浪费2小时39分钟。[1]当然，并非仅仅英国如此。以260亿欧元来推断，你很容易就能想象全世界每年都在低效的会议上消耗数千亿欧元。要试着自己估算会议损耗的真实成本吗？感谢科技的神奇力量，你有超过12种应用程序能轻松算出会议成本。有些挺像秒表，输入平均每人每小时的费用和参加会议的人数，启动时钟，就能看到那些费用越来越多。

尽管会议面临固有的挑战，但它们不会消失！虽然你可能需要减少会议的数量，和花在会议上的时间，但会议仍然起着很重要的作用。合理的会议值得花时间，这有不少理由。会议意义重大，如果你的目的是：

• 发现问题和机会，并确定如何最好地解决问题。大量研究显示，一群人总比一个人更善于解决问题，所谓“三个臭皮匠赛过诸葛亮”[2]。

• 做出决定或寻求决策意见，另外与会人员的投入也是关键因素。

• 在会议上交流影响到每个人的变化，并提供机会解决大家关注的问题。

• 完成需要团队成员相互协调和沟通的项目或日常任务。

是什么让会议比以往更困难

我们确定了三件让会议比以往更难进行的事情。

你在台上

如果你与一个人有正面或负面的互动，其结果通常十分有限。然而，在仅一个小时的会议上，你就能提高或伤害与会所有人员对你的领导公信力。如果你素来杂乱无章，好与人翻脸，或无力缓和团队成员的不良行为，大家会渐渐害怕与你会面。此外，当员工和同事谈论你有（或没有）能力主持会议或领导团队时，你的口碑想必会受到冲击。这对于你的领导生涯可能会带来成倍放大的影响。

蒂娜回忆起同事们第一次会见新领导的场景。这支 12 人小组为会计师、规划师和其他专业人士创建了一份月度财务报告。新领导者以前经营过一家大型刊物，并被请来帮助团队成员更新他们的基本产品和开发新数据。他们有很多细节需要处理。蒂娜说，能把工作提高到一个新水平，大家都很兴奋。但很明显从一开始就出现了问题。新上司让与会者动动脑筋，想出一组词描述他们目前制作的财务简报。

蒂娜回忆说："我们说了丰富、准确、及时等词语，然而新老板在名单上方写了'无聊'两个字，字超大！还有其他评价，像迂腐、高高在上、超级无聊。我们既震惊又受伤，一切就从那里开始分崩离析，大家变得非常沮丧。他甚至连最基本的问题都回答不出来，比如我们该如何修改工作流程，或者我们要如何解决未来的制作变化。即将建立的网站计划需不需要重新设计？结果什么答复都没有。”

更糟糕的是，每次会议总是紧张又徒劳无功，团队的反抗反应可想而知。在那年剩余的时间里，队员们私下都在嘲笑上司发的每个备忘录——贴上“无聊”的标签，并在团队内传播以寻求反馈。蒂娜承认：“我们确实浪费太多时间在背后取笑他。”组员们当然也尽力自己解决制作问题，“只不过我们放弃了和他一起努力”。年底，当公司要求员工在年度调查中提供经理反馈时，团队成员协调行动让每个人的答案一致。

蒂娜说：“大家都在讲述蹩脚的第一次会议，并写下我们认为他对自己的工作不上心。每份答案毫无二致，我们认为这样才能传达我们的意思。”

争夺注意力

大约 10 年前，无效会议的最大后果之一就是与会者离席。他们觉得无聊、无所事事，甚至想打瞌睡。但今天不再如此！在笔记本屏幕打开和智能手机开机的情况下，你已经不是在和无聊竞争，而是团队成员会在你的会议上做其他工作。虽然这有点让人泄气，但也并不完全是坏事。当人们使用高科技处理多重任务时，他们往往能够关注客户、同事和委托人的迫切需求，如果这些不予以及时回应，会造成很大的麻烦。你绝不想让你的会议成为其他项目崩溃的原因。与外界连接的高科技也有助于解决会议中出现的问题，像找到某个关键数据点，或是在紧急问题上迅速收到外部专家发来的电子邮件。

然而，试想一个正在发言的领导，从他关系密切的同事那里得知与会者都在发信息说这个会议糟糕透顶时，他会做何反应？当科技变成了人们逃避会议的方式，你可就遇上大麻烦了。

虚拟技术

今天的许多会议都使用虚拟技术，一些还带有质量不同的视频和音频。当与会者都来自不同的地域或国家时，每个人的感受和反应不容易保持同步。这样会出什么问题呢？

Q

QUORA上的我问你答

问题：你参加过的最糟糕的会议是哪次？

尼尔 · 库马尔：我曾就职于一家大型软件公司，被告知晚上 10 点参加一个电话会议，对于我正在研发的产品“很重要”，那时已经接近发货。

第一个坏预兆——没有议程。但这在我所在的公司很正常。

第二个坏预兆——没有会前电子邮件。好吧，这也很正常。

第三个坏预兆——与会人员来自美国西海岸、东海岸、欧洲、中国和印度。

所以，晚上 10 点登录时，我是第一个上线的。5 分钟后，另一个来自德国的伙伴上来了。10 点 15 分我的上司（组织者）上线，他询问X先生是否已经上线。我说："没有。"老板说："噢，他是这次会议的关键人物。"然后接着下线了。

晚上 10 点 30 分，我的上司重新上线，当时已有 30 多人在电话会议中。他还没找到X先生，但会议得继续进行，于是开会了，大家抛出各种问题，但没人真正回答了什么。大部分问题都不在我的专业领域内。少数几个我能回答的问题又被上司打断并推到另一个时间。晚上 11 点 30 分X先生登录。我的上司向他重述了刚刚讨论的一切。与此同时，有人在打呼噜，大家都听到了。上司在噪声中大喊着完成了他的重述。突然间，我们听到一个女人尖叫着用北印度语（我的母语）喊她的丈夫，因为他还在房子周围闲逛。这会儿已是午夜，会议仍在进行。我不知道我是应该简单地挂掉电话，还是开始制造一些胡乱的噪声。（微笑）

最后，凌晨 1 点，会议结束。提出的问题没一个得到圆满回答（至少我这么认为）。唯一的结论是，本次会议应该在次日的同一时间再进行一次。

我无法忘记接下来的那 4 场会议。第一次会议已经耗费了所有参加者总共 100 多个工时。我拒绝再把时间喂给这个怪物了。

技术提示!! 进行虚拟会议

针对你的情况选择最佳提示，或是你认为能帮你主持一个有效率、有价值的虚拟会议的提示。

• 在会议开始时及中场休息后进行点名。

• 创建一张虚拟座位表以便对团队出席状况有视觉概念。

• 要求与会者在会前分享一些个人信息，帮助他们了解彼此。

• 指定一个记录员，以便与会者可以集中精力讨论。

• 在虚拟会议中制定同时处理多项任务的游戏规则。

• 使用适当的技术手段加强协作、显示信息和视觉效果、总结要点并取得共识。常见的工具有白板、桌面共享和投票。

• 会议进行中不忘检查成员是否理解，让大家比参加面对面会议更有参与感。

• 与会期间密切关注每一个人，并记下你的评论。这可以揭示一些你难以识别的行为模式。在未来会议中，你能预先知道谁比较安静、谁会主导发言从而避免出现麻烦，运用基本原则确保所有人的参与。

• 在休息时间私下与干扰会议者交流，或者及时向他们发送信息或电邮。分享完成会议议程的重要性，尽可能减少干扰因素。

你不希望与会者提出的问题

在前面那个失败却有趣的真实案例中，我们只是听了一个与会者（尼尔）的评述。想象一下会议失败后同事间的谈话。以托马斯为例，他刚刚主持了两个小时的重要会议，和7位同事讨论明年的工作计划，但会议没有达到预期目标。结束后，与会者彼此开始了单边交谈，却不包括托马斯，因为他们对他召开会议的能力失去信心。与会者开始相互检查，以判断出现的问题。

会议召开失败后，人们会针对他人的行为目的提出问题。例如：

• 我们真的需要召开会议讨论这个话题吗？我觉得各自征求个人意见会更有效率。

• 这个会议的目的到底是什么？我们反复折腾却没有明确目标。

• 为什么邀请我？我好像和这事儿无关，我对讨论没有什么可补充的。

• 为什么没有人制止朱迪，她谈了大半天，没人能插上话。

• 阿米特怎么了？为了适应时差他深夜才连线。我只听到他提出过一次评论。

• 贾妮斯和里卡多怎么回事？从头到尾吵个不停。其他人都很尴尬。

• 为什么30分钟就结束了？应该需要一个小时才够啊。我不得不重新安排当天的行程。难道是因为我们准时开始了？有人提出下一步的打算吗？问题一大堆。都不知道会发生什么事。

一旦这类问题在会后被纷纷抛出，再要回到从前的状态就很困难。策划和召开会议时，其实有很多又好又实用的技巧可供参考，特别要考虑人性因素，比如怎样对待他人，尤其是在公共场合。这在面对面谈话或虚拟会议中都很管用。

掌控会议：避免会议低迷的小招数

知道什么时候不需要开会

判定会议是不是解决主题的最佳工具。在本章的前面部分，我们列举了何时召开会议合乎情理的例子，但多数时候都没有必要，比如：

- 你不确定召开会议的原因或完成的目标。
- 你只是为了传达信息。在科技高速发展的今天，有很多更具效力的方法能做到这一点。
- 关键与会者不能参与，你就最好取消会议。如果不取消，放心好了，你绝对得再重新开一次会。
- 只有少数几人对达成目标至关重要，但你邀请了 10 多个人参加会议。这不仅效率低下，别人也会质疑你为什么要邀请他们。
- 已经做出决策或需要迅速做出决策，有些新上任者容易犯让过多人参与的错误。

偶尔召开一个小型会议是必要的，但你无须一定要出席。你越信任为你工作的人能自主召开会议，你就越从容。

正确的开始：明确目的和重要性

具有明确的目的或目标，并阐明对你、对与会者、对组织都很重要的原因，就能避免会议变得恐怖。通常，这个可以事先沟通，但仍是会议开始的第一步。

提前设置议程

制定并坚持议程是会议的重要部分之一。实际上，它会成为讨论话题的路线图。议程包括会议目的和重要性，与会人员姓名和职位，会议时间和地点，你打算探讨的话题（含时间分配），以及预期成果。不要等到了会上才分发议程。相反，要提前一两天发出。此外，其他的会议准备工作和预期成果要随议程一并发送。我们参加过的会议半数时间都在阅读文件，这本该提前完成。

没有记录等于浪费时间

这听起来好像是明摆着的事，但我们无法告诉你多少人会在会议中途问："谁在做笔记？"指定一个记录员，最好不是你自己。如果你做了点功课的话，你会发现有非常经济的应用工具（如 Evernote），可以简化拍摄、存储和分发会议记录的任务。

会议主席不是好的与会者

指挥乐队同时还要演奏乐器是十分困难的。拉耶夫担任领导角色 6 个月后，意识到会上的多数时间都是自己在滔滔不绝地讲。作为会议主席，你要关注每个与会者，让所有人融入其中。（在本章后面你会找到更多便捷的小贴士。）你可能要调解与会者之间的冲突，并维持会议的运行。作为会议主持人，你需要使用一些引导技能来展开议程，鼓励与会者分享他们的想法和顾虑。如果你想成为会议贡献者，可以考虑让别人担任主持人。

掌控时间

没有什么比延后和延长会议更能破坏其效率。此处的小贴士很简单：养成按时开始会议和结束会议的习惯。你必须树立榜样。如果你发现个别与会者迟到或早退，做一些沟通或有裨益。

指挥和管控有些与会者同时进行多重任务

对于很多新上任者来说，应对有多重任务的与会者是一个很重要的挑战。一个发邮件、发短信或是做其他工作的与会者是无法专注手头任务的。如果你想让他们全神贯注，就一定要在会议前设定好期望值。让与会者远离笔记本电脑、平板电脑和智能手机，除非这些设备对工作有绝对必要，像用来做笔记或者给讨论提供外部信息等。

下一步骤

一场成功的会议在于会议后的落实行动。几乎每个会议都应该在结束时制定清晰的下一步骤，谁是负责人、何时实施与完成。因为经常会被省略，所以请确保腾出时间做到这一点。我们采访的一位领导者还会花几分钟对会议的效果征求反馈。会议有效率吗？每个人都参与了吗？结果清晰吗？这主意妙极了！

团队会议

我们访问的许多领导者与他们的直接部属有定期的会议。团队会议最不同的地方是，它是定期且频繁召开的，并且通常有一定的公式、同样的成员。谈话重点总围绕在项目更新、问题解决及分享信息上。

会议成功的基础：促进引导技巧

主持会议是最难发挥的领导角色之一。在第一部分，我们介绍了一套领导力技能，以帮助你满足人们的个人实践需要，工具 13.1 描述了一些典型的你将在会议上遇到的挑战，通过该工具你能掌握克服这些挑战的技能。

预期及避免问题

防病重于治病。假如您能预期前进道路上的阻碍，你就可以计划在会议中如何对问题绕道而行。这里有几个在召开会议前可以自问的问题提供你参考：

- 与会者之间是否有一些持续的矛盾及冲突？
- 是否有哪位拥有强大主张的与会者可能会主导讨论？
- 你计划要讨论的题目是否会让与会者惊诧或引起负面反应？

工具 13.1 将帮助你在特殊会议状况时运用这些技巧。

工具 13.1　使用互动技巧解决会议中的问题

问题	表现	建议
争论	• 团队合作下降。 • 某人不会妥协。 • 情绪激化。 • 大家彼此当面批评。 • 没听明白就进行反驳。	• **鼓励人们轮流发言。** • **总结观点/行动。**请辩论者总结各方观点以促进更好的理解。 • **中场休息。**让人们冷静下来。使用适当的基本原则和辩论者私下交谈。
主导	• 讨论变成了独白；其他与会者不愿再交谈。 • 某人花太长时间陈述观点。 • 某人坚持自己的观点，不愿听取别人意见。	• **专注议程/预期结果。** • **总结观点/行动。**打断主导者，总结你对所讨论观点的理解，向他人重新定向讨论。 • **中场休息。**然后和主导会议者私下交谈。 • **尊重。**可以避免某人走向另一极端而弃席而退。 • **分享。**描述你认为对方行为将如何影响他人。 • **参与。**询问对方不同的意见。
陷入困境	• 进度放慢或完全停止。 • 人们不参与会议。 • 团队让你（领导者）一个人做大部分发言。 • 决策被推迟。	• **专注议程/预期目标。**重申会议预期目标及其重要性。 • **仔细聆听并表示同理。**询问人们的看法或建议，快速启动讨论。 • **中场休息。**让所有人缓解疲劳，包括你自己。 • **稍后解决问题。**如果人们无法解决问题，让隶属小组稍后继续解决。

（续表）

问题	表现	建议
偏离主题	• 大家讨论的话题不在议程中或并不支持预期目标。 • 大家跳过议程。 • 大家在某个话题上讨论的时间超过了规定时长。	• **聚焦议程/预期目标**。询问人们的相关意见。 • **分享观点、感受和理由**。解释无法完成议程将引发的后果。 • **维护自尊，总结观点/行动**。慎重打断某人，总结他的观点并为他人重新定向讨论。 • **稍后解决问题**。如果人们提出的相关问题不在议程上，在挂图中列出并以“问题”注明，同意在会议结束时讨论或稍后再讨论。
打断讨论	• 打断正在发言的人。 • 人们进行单边谈论。 • 某人迟到或离场去做其他业务后，让你重复会议信息。	• **鼓励他人轮流发言**。礼貌地打断讨论并让被打断者等待稍后发言。 • **中场休息**。如果某人持续打断大家，在休息时单独和他谈谈。 • **专注议程/预期目标**。强调完成议程的重要性，鼓励人们停止不必要的评论。
发泄情绪	• 人们大声抱怨或变得不安。 • 团体把问题归咎于别人。 • 一个与会者暗示另一个与会者如果能把自己的工作做好，事情会变得顺利。	• **仔细聆听，表示同理**。帮助人们向前迈进。表明你理解他们的感受和原因。 • **关注议程/预期目标**。强调改善现状最好的方法是关注团体可控因素。 • **稍后解决问题**。安排一个时间跟进人们关注的问题。
退出会议	• 某人看起来不愿有所贡献。 • 有人在开会时做其他工作。	• **运用适当的“基本原则”**。 • **鼓励参与**。通过征询他或她的观点引导对方谈话。 • **适当增强对方自尊**。表明你看重人们的贡献。

第 14 章

指导

从成功中汲取经验

提前思考

回想一下你曾经努力想精通掌握的事情：可能是学业、运动、舞蹈、制作视频、公开演讲、熟练电子表格等。你更喜欢从自己的成功还是失败中汲取经验？

让我加入，教练！

如果让大多数人解释什么是领导力，你或许会得到用一系列运动来比喻“指导”的模糊描述。这不难理解，当形容某人能令别人充分发挥特长并训练出一个冠军时，体育教练绝对是领导力的一个浪漫而生动的范例。感觉真了不起！中场休息时催人泪下的励志谈话、在场外焦虑地咬住毛巾、团队胜利后在心怀感激的队员肩上的轻拍，全都化为了情感满足、鼓舞人心的画面。这就是金牌教练最后总会以“伟大领导者”形象出现在每年杂志上的原因：他们看起来就像是人生和事业赢家的完美典范。谁不渴望在观众的呐喊声中庆祝成功？

但这不是我们所说的指导。实际上，对于你需要做的几乎所有方面的指导，体育教练没准儿是一种适得其反的比喻。为什么？因为比赛当日的灵感，无法替代你为帮助队员掌握技能、知识和行为以便完成工作和发展业务而做的定期、适时的指导。这类真正的指导每天都在进行，琐碎却极具威力。难怪庆祝夺冠时让教练享受一下“佳得乐浴”成了可选之项。

> 大多数人都乐于从成功中汲取经验。

在“提前思考”练习中，我们询问你是更喜欢从成功还是失败中汲取经验。如果你像大多数选修我们的课程“最佳绩效指导”的人一样，那就会选择成功。很简单，不是吗？从错误中汲取教训固然有效，但是累人、费时，还让你尴尬。工作场合的失败会牵绊整个团队，延误或阻碍项目，造成经济损失。从成功中汲取经验则可以创造激情、强化好习惯、培养好意愿。你的团队成员和大多数人一样，满怀信心承担新职责的风险时，也更愿意能从成功中获得经验。你的工作就是提供这类指导，帮助他们实现这个愿望。与跑得快、跳得高或射门精准不同，这是一项每个人都能学习的技能。（至此我们将结束运动的比喻。）

如果你搞不懂其他事，这个却一定要知道：作为一名领导者，你需要识别、应用并精通掌握两种类型的指导：成功型指导和改进型指导。成功型指导，顾名思义，就是在机会来临和情况发生前进行指导。这是帮助人们从成功中学习经验的一部分。改进型指导，是在某事已经发生或正在发生时介入其中，这是在遇到问题或者挫折之后，帮助人们改变方向的部分。要想成为出色的基层领导者，你必须掌握这两类指导技能。更重要的是，了解“指导”是什么及运用之后为何会那样的不同。

定义和攻克

成功型指导是在某事发生之前，指导人们在新的挑战局势中走向成功，比如：

- 承担新的责任或接到不熟悉的工作或任务。
- 学习不同的技能或工作职能。
- 与新伙伴或新供应商合作。
- 计划主持第一次会议或进行一次艰难的谈话。
- 准备解决冲突。

改进型指导是在某事发生之后，指导人们改善或提高他们的工作表现。比如：

- 让好结果变得更好。
- 改善低的评级或表现不佳的评级。
- 实现目标或按期完成任务。
- 审查已完成的任务或工作，寻找改善方法。
- 转变不良的工作习惯，学会守时、会议准备等。

然而有一个不幸的事实是，大多数领导者都是糟糕的教练，即使他们不想这样，即使他们自己很出色。造成这种情况的原因很多，有时是为了避免正面冲突。领导者往往相信，下属具备企业家精神或者能自己想清楚并解决问题的话，会更好些。而有时，他们会受指导的英雄魅力所左右。你一定曾经碰到过一些忽然出现的介入者，爱在事后告诉你应该用不同的方法，然后帮你一起弥补。说不定你自己就是这类人。我们把它称作消防员综合征。拯救别人感觉很棒，看起来超帅，偶尔也很必要——这就是被动式的改进型指导。

但是我们解释两者的区别时，我们调查的大多数领导者都会承认他们偏爱改进型指导，原因是他们觉得自己的工作时间不够，也没时间对员工做好成功型指导。我们的数据却揭示了一个惊人的结论：对员工进行成功型指导的时间越长，你反而越能节省更多的工作时间。最重要的是，改进型指导耗费时间、精力和其他宝贵的资源。

图 14.1 的积分卡显示，领导者若想培养成功型指导的教练的技能，仍有一段时间需要努力。[1]

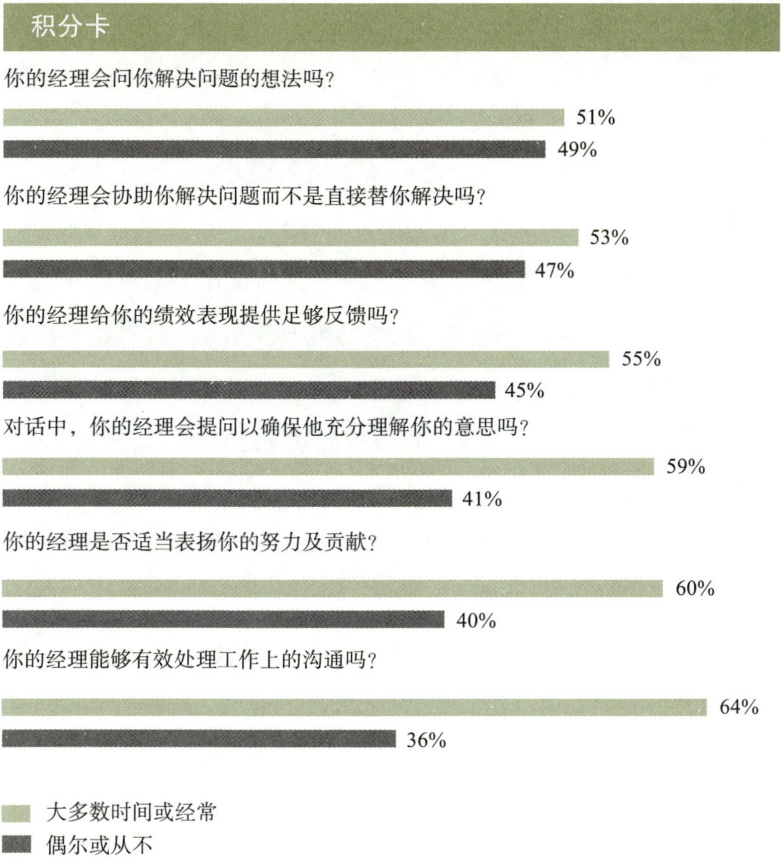

图 14.1　指导行为积分卡

你可能还记得我们在第 1 章提到的城市规划师约翰。他发现自己无法指导延误项目，并且处理时挫伤了下属的自信心。

他表示："出问题时，我只是给她指了一个方向，看起来像是对她进行微观管理，我只是认为他们自己想清楚怎么解决问题会更好。”

上任6个月后，办公室的效率却急剧下滑。讽刺的是，约翰的新上司做了和他一样的事。

约翰指出：“回想起来，我倒希望当初有人教我怎么准备一些重要事项，比如第一次在员工面前发言等。”

新领导者一下子有很多事要做：管理新伙伴关系、处理及学习人力资源，还有每月例会，约翰如果准备充分，所有这一切运作起来就容易多了。让我们看看另一位领导者玛塔，和她那位浑身带刺儿的高绩效部属威廉。玛塔把他塞进已经组建好的团队时，完全没有进行过成功型指导。

她承认，“有时候，我觉得个性这件事很烦，我只是希望他们把事情解决好。”

因此，玛塔把宝贵的时间消耗在了平息情绪、解决问题和激发士气上。

技术提示!! 在瞬息万变的今天，不要等到某个理想时刻或每周例会才去了解人们的表现。你可以运用科技帮自己抓住指导的契机。有见地的问题和简短的信息或意见，可以让人们走上正轨并积极进取。发电子邮件或短信（根据团队喜好）迅速提问或简单反馈，确保员工不断进步。完成重要的演讲后，一条“怎么样，需要我帮忙吗？”的短信就能鼓舞员工，让大家再接再厉。

评估影响

一个人的工作表现，无论出色还是糟糕，都会大大影响整个工作生态系统。当团队成员散漫松懈，不清楚项目或任务时，你就必须立即对他进行成功型指导了。否则，整个工作部门的重心可能会因准备措手不及而自相残杀。或者，行政人员如不能做到及时回复同事邮件，可能导致团队混乱或生产力降低的后果。

使用以下问题衡量各个领域中个人表现所带来的影响。这些信息将帮助你准备好成功型指导或改进型指导会议。

人员

• 当前（或可能在将来）谁会被团队成员的表现所影响？（如客户、团队成员等。）如何受影响？

• 他有什么个人需求或实际需求？得到满足了吗？

• 团队成员的行为对其他人、其他团队或组织造成什么正面或负面影响？

生产力

• 你的团队成员表现如何影响流程、期限或他人的工作？

• 团队成员的表现对他人的生产力有什么正面或负面影响？对整体生产力呢？

盈利能力

• 你的团队成员对公司盈利有什么正面或负面影响？

• 如果团队成员表现不佳，会造成多大的财务损失？

DDI专业提示：如果你想快速区分成功型指导和改进型指导，记得运用第 6 章的“询问和告知”。成功型指导强调通过询问有力的问题或分享见解建立同理心，从而寻求个人的认同。改进型指导则强调告知他人如何解决问题或满足需要。询问和告知都依赖于指导技能。你的工作就是在每一次指导互动中平衡它们。

此外，尽可能做到多提问、少告知。你可运用工具 14.1，以演示计划进行指导谈话时在不同阶段运用询问或告知。

工具 14.1　我的方法

询问		告知
☐	对个人、团队、组织有益	☐
☐	背景信息	☐
☐	问题、顾虑、障碍	☐
☐	获得成功的观点	☐
☐	需要的资源/支持	☐
☐	特定的具体行动	☐
☐	观察表现和衡量结果的方法	☐
☐	总结下一步计划	☐

完美教练

有人说完美的教练根本就是神话，但是泰茜和睿奇就认识一位。他们都因为这个人充满坦诚而受益匪浅。他很低调，所以不愿透露姓名，不过他所做的下列事情让他成为一名完美教练：

- 他的大门永远敞开，毫无保留地提供咨询与建议。
- 值得你信任地去分享机密信息。
- 指导会谈中，永远不会让你感到需要戒备。
- 经常问你问题，他总有诀窍让你知道你该做什么！

所以，别人都希望不断得到他的指导和建议。这对于任何领导者来说，都是令人羡慕的赞誉。

关于人性

指导是一种深层次人性的努力。在你坦诚地和下属交谈时，你会迅速发现他们会把个人需求带到每天的工作当中，比如需要参与、想被聆听和获得理解。他们同样有工作上的实际需求，像资源不足、需要解决的问题以及可以立即实施的行动计划。说不定你还会发现他们对工作感到不满，存在离职的念头。（请在第 12 章阅读更多有关留任和敬业度的探讨。）我们鼓励你使用第一部分里介绍的互动技能，帮助设计你的指导谈话，从而解决这两类人性需求。你一定记得，互动技能包含两大部分：

- 基本原则——解决个人需求
- 互动守则——解决实际需求

基于互动守则的指导

满足实际需求的指导谈话包括我们早前提过的五个部分：开启讨论、弄清原因、促成方案、达成共识、总结讨论。要取得成功，你必须完成这五个步骤。顺便提醒，这个谈话是面对面进行还是通过一系列会议、电子邮件、即时通信开展，都无关紧要。但就现在而言，请尽可能多地进行当面交谈或语音交谈。20分钟的面对面谈话是黄金标准，在你新官上任的前90天请尽量采纳。

图14.2将帮助你思考成功型指导和改进型指导讨论中的互动守则，它们会带来巨大影响。图中的标注框列出了使用各项互动守则的具体提示。

DDI专业提示：根据我们的经验，大多数人在指导时都会跳过“弄清原因”步骤。从“开启讨论”直接进入“促成方案”，让人感觉更迅速更有领导风范，但实际上大错特错。为什么？因为“弄清原因”可以帮助你所指导的对象更深入地了解全局。你可以问一些关键

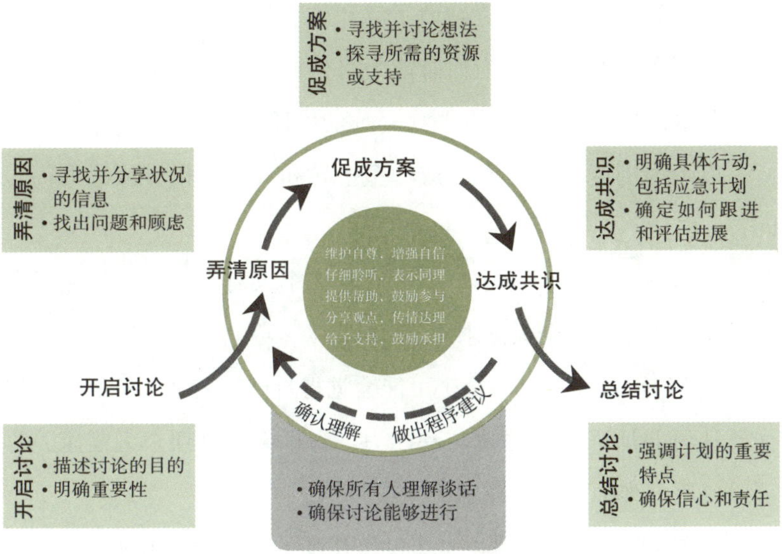

图 14.2　指导谈话中的互动守则

问题，让对方从其他方面思考状况，并鼓励他表达自己的观点以促进理解。只有这样你才能转向“促成方案”步骤。这时，产生的大多数观点应该来源于指导的对象。

指导的基本原则

指导的人性面会让你觉得极具挑战，因为结果并非基于外在标准（比如已商定的计划），而是基于人们之间的相互理解。这是让很多基层领导者感到紧张和不耐烦的原因。这真的有必要吗？通过提出深入而有价值的问题，或者明智而审慎地分享你的一部分内在自我，可以让你更好地了解和应对员工的个人动机。正是在这些时刻，员工会因为你有能力将他们的需求和价值融入你的领导愿景，从而加深或再次肯定对你的信任。

以下为围绕基本原则及成功型指导和改进型指导谈话的简短问答：

1. 改进型指导讨论中，员工有什么个人需求？你会运用哪种基本原则满足这些个人需求？

• 感到重视和尊重。员工可能会觉得自己的表现不够好，所以你要认可并加强他们的技巧和能力。为了满足这项个人需求，你可以使用“维护自尊”原则。

• 被聆听和理解。讨论员工的工作绩效时，他们可能会表达出强烈的情绪。“同理心”原则有助于化解这些情绪，让人们更理性地思考。

• 参与。人们想成为改善计划的一部分，而你希望他们建立责任感，努力做出改变。为了满足这项个人需求，你可以使用“参与”原则。

2. 为什么寻求帮助和鼓励参与在成功型指导和改进型指导的讨论中都很重要？

• 在成功型指导讨论中，使用“参与”原则帮助你更好地了解人们的需求，并让他们参与规划方法。

• 在改进型指导讨论中，使用“参与”原则可以让他们致力于做出改变或改善。

• 在这两种讨论中，人们能够掌握自身行动的主动权十分重要。

3. 为什么在改进型指导讨论中采用“自尊”原则很重要？

• 维护自尊心。强化人们的技巧和能力，帮助他们了解自己是工作得以顺利进行的一部分。

4. 如果你需要在改进型指导讨论中维护员工的自尊心，可以怎么表达？下面是一个具体的对话示范。

• 我们已经确定你要从事的领域。你在这块做得非常好，现在我希望能和你就此做做交流。

• 虽然结果没有预期的那么好，但你现在具备了完成任务的经验和积极性。

5. 为什么在改进型指导讨论中，认真聆听和表示同理心非常重要？

• 同理心能够化解强烈情绪，给予人们摆脱这些情绪的方法。

因此，只需问一些激发性的问题，再适当地加上真正的倾听和同理心，你就能走上成为完美指导者的道路。这样，你可以把精力集中在团队、团队成员的挑战和他们的指导需求上。如何在成功型指导和改进型指导谈话中分享你的观点、感受和理由也很重要，人们希望了解你身为领导者的想法和感受。比如，我很担心如果这个问题不能解决，我们无法在截止期限前完成。分享你的感受，有助于他人与你沟通，同时你也建立了信任，这对每个领导者来说都是弥足珍贵的。

技术提示!! 当你需要指导却没时间做全套指导讨论时，怎么办？作为初学者，不要等待！你可以把讨论分解成更小的谈话，并围绕五个互动守则，运用技术一步步执行。例如，你可以运用电子邮件开启（成功型或改进型）指导讨论并弄清原因和细节。促成方案步骤经常需要交流一些观点，所以及时通过电话、网络会议或即时信息进行交流都很管用。达成共识和总结讨论步骤也可以通过电子邮件、即时会议甚至短信来完成。

运用科技进行逐个指导是不是难度很大？没错，而且需要练习。但是拖延指导谈话会更糟，还经常导致干脆就不指导了。对于管理远程同事的领导者来说，高科技指导可能会是常态，面对面指导则是难得一见的奢侈。无论哪种方式，请掌握指导技能以便你可以不受时间、日程安排或地理位置限制而给予员工需要的支持。

试试你的指导技能

我们邀请你运用DDI的互动技能体验来练习你在本章学到的技能。网络上的在线模拟视频，能够深刻分析你当教练的优势和发展空间。

登录网站时，你会发现你正在和一个团队成员进行谈话——他的不良行为离间了其他团队成员，并开始影响到团队的整体表现。这次谈话代表的互动类型是领导者几乎每天都要面对的。你有很多机会可以使用“基本原则”回应这名团队成员，实现提高工作表现的指导目标。

你所掌握的每项基本原则都会有一个得分，你可以知道哪部分表现优异，哪部分尚需改进。试试吧。

你相信他们能飞，对吗？

本章开头我们已经提到，用体育运动比喻商业指导在很多方面都不够完美，除了一点：按照定义，教练无法帮每位运动员做所有的事情。正如我们在第 3 章探讨的，从个人贡献者过渡到领导者，就是从自己完成工作转变成为激励他人的催化剂。指导是帮助人们准备、学习并最终适应工作的绝佳方法，但你要让他们去做。倘若世界杯教练自己要冲进球场争夺金牌，岂不荒唐；同样，无论是陷入绝望还是因为错失成功，你企图插手团队工作也显得可笑。你要承担风险，让团队成员自己完成工作。这就是我们希望你牢记的一个运动上的比拟。

如果你发现自己很难放手，多花点儿时间参考和思考支持基本原则，以此制订计划，支持下属的目标，同时进行现实监控以确保顺利。当你掌握成功型指导和改进型指导的区别，能够在实践中运用互动守则，你就会开始觉得指导渐渐变得更加轻松自然。

第 15 章

反馈的基本要素

具体、及时、平衡

提前思考

在我们的职业生涯中多多少少能听到让我们觉得“颇有洞见”的一些反馈。几天或几周之后，我们甚至会感谢反馈的提供者。想一想：你组织中的人员获得了足够的反馈吗？你有信心给予他们积极且有建设性的反馈吗？最重要的是，你的队员会因为没有得到发挥潜能的反馈而影响表现吗？

有时，接受和施予同样美好。

这是 1969 年阿波罗号 11 名宇航员传奇的登月任务所面临

的情况。飞天中途，飞船偏离了轨道，燃料几乎耗尽。在这种情况下，宇航员可能早已顾不上飞行控制器和电脑传来的数据（反馈）。驾驶舱由尼尔 · 阿姆斯特朗操控，他本可以按个人意愿驾驶飞船。但他接受数据并修正了航向，最终让他在离地球 25 万英里外的月球上留下了脚印。

> 这是我的一小步，却是人类迈出的一大步。
>
> ——尼尔 · 阿姆斯特朗（1969 年）

虽然在太空里交换反馈是件生死攸关的大事，但在地球上应用的有效反馈与在太空没什么不同（虽然对我们大多数人来说，这些谈话不会产生戏剧性的后果。）诸如“我做得怎么样？”这类反馈问题，同时也是领导者进行许多谈话的基本元素。人们通常喜欢收到正面反馈，因为它能满足一般人需要被重视和赢得赞赏的需求。更重要的是，如果某人做得很好又收到正面反馈，将帮助他了解在未来工作中应该重复哪些行为。改进型反馈同样重要，它有助于人们构建更好的工作关系、改善绩效表现，进而实现目标。当反馈以有效的方式提供时，能让人了解如何纠正错误，并协助其在专业上成长和发展。然而，很多领导者常常犹豫是否要提供反馈，而员工也见怪不怪地接受了这种情况。

有效反馈绝不仅是说说“谢谢”或“做得好”。虽然员工会因为你注意到他们的辛勤工作而心生感激，但措辞含糊的正面反馈收效极微，同样情况对发展型反馈亦然。要想产生真正的价值和持久效力，反馈就得具体、及时、平衡。有效反馈需要就事论事，注重于绩效或行为，而非个人或个人动机上。在你寻求自己表现如何的反馈时，请记得这些原则。

领导者不断提供反馈，这是神话还是现实

通用电气前董事长兼首席执行官、著名演说家杰克·韦尔奇曾多次在数千观众面前发表演讲。他常常问听众：“你们当中有多少人在为重视正直诚信的组织工作？”通常大多数人都会举手。然后他又问：“有多少人得到关于自身表现的直接且诚实的反馈？”毫无例外，举手的人寥寥无几。韦尔奇指出，一个组织如果不能提供员工直接且诚实的反馈，这个组织就称不上重视正直诚信。[1]

而对于我们领导者的角色：支持团队的工作表现、成长和发展，反馈就是关键。但如前所述，员工能定期收到工作上的有用反馈，简直就是神话。实际上，我们的研究表明，42%的个人贡献者（你的团队成员）表示，“从新任经理那里得到更多的反馈和指引”反而能大为缓和新领导者的角色转换。[2]

然而，反馈是只能用于自己的团队吗？当然不，反馈其实是一种可以运用到所有层面的有效商业工具。那些受众人追随的领导者一般都会指导自己的同侪，并会成为下一代领导者的杰出导师。因此，反馈可以也应该用于协助更广义的团队、职能和组织成长。因此，你不能只是定期接收反馈，还应该向你的同事、客户，甚至你的上司定期提供反馈。一个充满善于分享成功型和发展型反馈者的组织，绝对是一个拥有突出竞争优势的组织！

反思点

我们假设杰克·韦尔奇给你的团队做一次演讲，你的队员会举手响应第二个问题吗？为什么会（或不会）？

反馈导流板

提供反馈时，很重要的一点是要考虑接收端的个性。你一定能想象一个画面，当团队成员坐在你对面接受反馈时，他们的脑海里会浮现出这类想法，如图 15.1 所示。

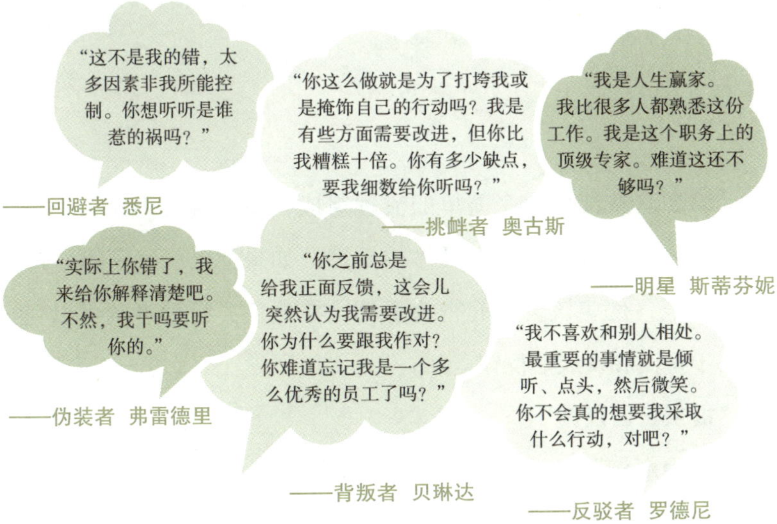

图 15.1　他们如是说

难怪领导者会害怕反馈！但作为催化剂型领导者，我们的挑战在于，以具有建设性的而非惩罚性的方式提供反馈。所以，不要担心，这里有两套技能，将确保你不仅能提供一种可操作的反馈，还能被接收者接受。我们已经讨论过第一套技能，即使用基本原则，满足反馈接收者的个人需求。例如，当你提供发展型反馈时，最好使用维护和增强自尊（特别是“维护”）的基本原则，因为这有助于你冲破防御心理，收获富有成效的结果。其他四项“基本原则”同样能发挥巨大作用，这依情况而定。运用“同理心”原则可帮助你应对接收者的情绪和质疑；使用“参与”原则能帮助你和接收者确定替代方法。至于建立信任，你可以分享你遇到的类似情况。你还可以提供支持（但不承担责任）以推动发展。

让STARs行为事例发挥效力

第二套技能由一个简单的流程组成，我们称之为STARs行为事例法，以此提供完整而具体的反馈。如果你已经读了第二部分相关章节，你应该会想起行为事例。在这里，行为事例可以完全适用于正面和发展型反馈。

提供正面反馈

行为事例是一种便捷方式，能让你记住如何构建你的反馈从而最大化正面影响。

行为事例提醒你描述：

• 个人或团队应对的情况或任务，比如某个问题、商业机会、特殊挑战或日常任务。

• 个人或团队采取的行动，或者他们实际上所说或所做的有效部分。

• 积极结果，什么方面变得更好或是如何影响了现状。

图 15.2　提供正面反馈行为事例法

DDI 专业提示：确保你的评论：

• **具体**——反馈必须以精确的言语，反映那些已经完成的可被测量的工作。例如：

• 截止日期的前一天提交你的建议。

• 截至上周五，你的销售额已达季度目标的 101%。

• 根据上星期的打印件显示，你平均每天打 55 个电话。

• **及时**——在人们的行为（和任何积极的结果）发生后尽快做出表扬。你对这些细节记忆犹新，你的评论便和人们目前所做的工作息息相关。同时，及时的反馈看起来更真诚，就好像你印象深刻到必须马上告诉对方一样。

• **平衡**——随着时间的推移，你要平衡你的正面反馈和发展型反馈。如果你的反馈都是正面的，你会错过帮助员工追求更高目标的机会。同理，如果你的反馈只是喋喋不休的正面评论，大家也会怀疑你的真诚度。

提供发展型反馈

要提供有效的发展型反馈，你需要稍微修改行为事例并加入一点行动/结果（A/R）。最后得出的结果称为改进型反馈，提醒你分享情况/任务（S/T）、行动（A）和结果（R）。有效的发展型反馈也必须包含：

图 15.3　提供发展型反馈行为事例法

• 可选择的行动——可替代的说法或做法。

• 预期的改善后结果——为什么可选择的行动可能更有效。

DDI 专业提示：确保你的反馈语言：

• **具体**——当你拿当前绩效与目标进行具体比较时，员工可以清楚地知道他们需要进行如何调整，以争取今后的成功。

• **及时**——你需要及时提供反馈以便做出改进，因为：

• 当各种表现细节仍然历历在目时，你才能准确解释员工的哪些行为收效甚微。

• 接收反馈的员工会记住他做过什么，以及这些行为十分低效的原因。

• 你可以帮助员工在面临类似情况之前做出调整。

• **平衡**——为了维护个人自尊和坦诚的反馈，平衡好发展型反馈和正面反馈非常重要。即使某人表现不佳甚或犯了大错，仍然可以做出平衡的反馈：找出他做得好的方面，同时提供发展型反馈。

• **多询问，少告知**——有时候询问个人有没有想到其他方法，可能比简单告知他该做什么或可以怎么说、怎么做更有效。

下面举一些例子，如表 15.1 所示。

表 15.1　反馈的不同效果

不完全反馈	完整的正面反馈/改进型反馈行为事例
•“你昨天做得非常好，完成了那笔很有难度的订单。” 这一反馈并不具体，接收者不知道今后要重复什么行为。 •“简，你在教马克操作系统时，说他没有‘掌握’，他很生气，也不提问了。你要对他宽容些。” 这个反馈没有描述可替代的行动，也没有强化能达到的结果。	•“你在发现订单处理系统的装运过程存在问题时，表现出很高的积极性（情况/任务）。你没等待主管来处理，直接联系了商业管理信息系统并向他们反映问题（行动）。系统成功修复，物资也准时发货了（结果）。” •“简，你在教马克操作系统时（情况/任务），说他没‘掌握’（行动），他很生气也不再提问了（结果）。更好的方法是可以告诉他系统很难操作，他的问题并不过分（可能选择的行动行动）。这能维护他的自尊并鼓励他继续尝试（强化结果）。”

现在，你已经能够明智选择给他人提供反馈的机会了。我们知道，这些技能将有助于你与同事之间构建可靠的信任关系，并表明你心里想着他们的最大利益。但练习提供反馈和接收反馈是关键所在。

反馈、基本原则和互动守则是如何推动精益组织的[3]

要寻求精益？虽然倡议诚信可以辨别和消除浪费，但你可能忽略了一个显而易见的根本问题：职场互动。

经理和团队成员之间的所有互动都是潜在的浪费源，其中包括正式互动（团队会议、指导、反馈和绩效探讨等）和非正式互动（电话、电子邮件、即时信息和走廊/电梯里的谈话）——每一项都对制造企业的日常运营至关重要。

并且，当这些互动不能顺利进行或毫无效果时，它们会造成负面影响，带来八种人们熟知的浪费：不合格产品、生产过剩、停工、未充分利用的技能、不必要的运输、库存、不必要的移动或搬运（例如弯曲、起升、延伸），以及过度加工。最后的结果呢？组织无法达到基本的精益目标：持续改进和提高绩效。

因此，如果我们要认真消除浪费，就必须一并考虑生产中柔和的一面，或那些能让领导者有效管理其互动和团队的技能。趋势研究表明，制造业因为这些软技能上的差距而遭到最沉重的打击。[4] 此外，埃森哲 2013 年全球制造业研究揭示，35% 的管理人员和 20% 的运营领导者报告说，存在“重大的”技能缺口。[5]

第 16 章

解决员工困境

对事不对人

提前思考

你上次因为某人的言谈举止生气（或受伤、或混乱）是什么时候？问题出在哪里？是怎么解决的？你向谁征求了意见？你希望得到什么不同结果？

艾伦在团队工作了 3 年之后，最近当上了有 12 名员工的客服中心领导。

他的一个新下属朱迪，负责安排销售人员的行程。虽然一开始她工作热情高涨，但很快就陷入了不良的工作习惯模式，不是迟到就是请病假，可是她的病假早就用完了。

艾伦一直犹豫要不要正视朱迪的问题。团队其他成员的表现都高于平均水平，而且他还不曾因为绩效问题和任何人进行过讨论。大约一个月后，其他队员开始向他投诉朱迪的表现。他们说她不仅没有做好分内工作，还降低了整个团队的绩效水平。艾伦很聪明地向经理寻求意见，经理鼓励他采取行动并帮助他策划相关讨论。虽然不容易，但艾伦的任务还是变得相对简单了：他要让朱迪明白，她要么改变行为，要么离职。

担任了两年领导者的晶晶，因为山姆的缘故陷入了困境。山姆是一位加入了一年的超级程序员，在团队外部大受欢迎，大部分项目都按时完成而且工作标准向来很高。美中不足的是，晶晶的其他团队成员都讨厌山姆。山姆不爱合作，会私下议论同事，还一直向晶晶抱怨别人。（他同样也会说晶晶的坏话。）对山姆来说不幸的是，他需要团队的其他成员支持他完成工作。因此，当山姆的两个团队成员要求转队时，晶晶知道自己必须有所行动了。这将是一场艰难的谈话。

以上的真实故事反映了成为新领导者后，会遇到的一些混乱的人际互动情况，让人困扰及感到不快。无论你的团队规模、企业性质，或者你有多擅长挑选团队成员，你都无法完全避免人们在一起工作时会发生的各种失败、冲突和争吵。你的工作就是处理这些问题。

首先，好消息是 85% 的员工都不错，那么剩下的 15% 呢？有时你就得面对一些棘手的问题了。但最可能的是，这 15% 的员工都不是坏人，他们的行为背后常常有好的出发点。

为了扭转这些局面，你必须关注那些需要改变的行为，此外我们的首要原则是：不攻击当事人的个性或人格。我们常说，严谨对事，宽厚待人。

为了扭转这些局面，你必须关注那些需要改变的行为，此外我们的首要原则是：不攻击当事人的个性或人格。我们常说，严谨对事，宽厚待人。这不仅是我们要做的正确事情，而且你把反馈和指导集中于当前情势而非个人，就不太可能引发强烈的负面情绪，并更有可能积极解决问题。

置之不理并非良策

这是领导者最害怕的一部分工作。我们在面试时说这些话时大声而清晰，可能充满情绪和强烈措辞。有些领导者也能鼓起勇气解决这类情况，然而往往缺乏相应的技巧。但无论如何，鉴于以下一系列重要理由，你都不能忽略那些难以伺候的员工的行为：

要对员工负责

员工有权了解自己的处境。通常情况下，公开而有建设性的指导可以让个人回到正轨，避免对他和你的未来产生更严重的后果。

要对自己负责

当事情变得棘手，我们采访过的每位领导者都深受其害：备感压力、失眠和自我怀疑。这些可不是小事，随便其中哪个问题都可能吞噬你的时间，让你无法完成目标。我们指导过的一位新任领导承认，他在单单一个员工的问题上就花了自己超过 20% 的时间。他没有完成哪些工作？团队其他成员受到了怎样的影响？

要对自己的团队负责

像朱迪或山姆那样的员工会破坏团队协作，影响士气和敬业度。其他队员是无辜的！他们会指责你，因为你不追究有关人员导致团队表现不佳和缺乏协作的责任。

要对你的组织负责

甚至仅仅是人际关系混乱也会损及组织绩效。当今社会，人才质量是公司执行能力的首要因素，你绝不能让这些无益的行为界定企业文化。某些情况下，严重违反公司制度、滥用公物、性骚扰、违反安全规定等，都有可能令你面临严重代价和高昂的法律后果。在这时，留岗查看或终止聘雇关系都是合理手段。如果你面临这类情况，我们强烈建议你向人力资源团队寻求建议，这或可有助于你讨论和避开危险的法律问题。

取得成效的 8 个小贴士

我们绝对相信，你是一个强大并有创造力的领导者，是社会不可或缺的力量。但你不会读心术，也不是心理医生。你或许会发现，需要你指导的员工的个人问题超出了你的能力范围，所以有必要向人力资源部门寻求帮助。但是，抱持同理心并有计划地了解整个局面，同时考虑所有相关员工的个人需求和实际需求，你就能更好地促进团队保持良好的协作。以下这些小提示可以提供帮助。

由完整全面的招聘程序开始

在第 10 章，我们向你展示了如何选择员工以便带来最高的员工绩效和敬业度。现在，我们可以这样说：今天的招聘决策能让你避免将来的麻烦。

确保绩效预期永远清晰明了

“你怎么能说我没完成指标？”马卢咆哮道，“你从来没给过我任何指标！”是的，这类情况比我们料想的更常发生。每年你都要使用公司的绩效管理体系设定期望值。包括“什么”（定量目标）和“如何”（行为/能力），并以此定期考核员工。明确的期望值等于更少的意外！参阅第 18 章以获得更多的帮助。

查明情况

在本章最后，我们列举了一些你会遇到的棘手情况和几个熟悉的角色，你将获得如何为每种情况做好准备的若干建议，以它为出发点策划你的谈话。你会发现，应对不愿再交谈的员工往往和处理一个自以为是、冒犯他人的员工大不相同。

防患于未然

提前规划你的方法和谈话。如果情况很严重，或可能涉及诸如留岗查看、终止聘雇等这类正式后果，你要向人力资源专家寻求指导。你需要知道，员工都喜欢询问细节：我到底做错了什么？确保你找到的和使用的数据真实可信。我们已经再三强调：当你准备和他们交流时，要回顾你可以如何运用互动守则和基本原则，这些技巧的使用将提醒你是在和某人交流，而不是对这个问题做出反应。

全面指导

正如我们在第 14 章提到的，指导是你最重要的领导职责之一。如果你从一开始就进行成功型指导，帮助团队成员把事情做好，这就不仅让他们建立信心，还有助于防止在第一时间出现问题，或者在更重要的地方出现问题。从成功中学习经验比从失败中学习要好。但你必须对走入迷途的团队成员做出反应，尽早指导员工取得进步。

做笔记

不要光凭自己的记忆力。与存在问题的员工进行讨论时要做记录，原因有三个：第一，文档可以帮助你和他们在一段时间内跟进你们的协定；第二，可以帮助你掌握以后的（更多）指导谈话；第三，确保你们的讨论在事后不会存有误解。（我从没到过，我不同意，我根本不知道问题这么严重。）如果问题严重到引发纪律处分甚或雇用终止，文档就尤为重要。在一些国家，当你面临员工指控时，这些文档很可能会被用于法律程序。

准备多个谈话

可能需要多个指导和反馈会议才能扭转不利局面。如果你前进两步就会后退一步，这也不赖，毕竟仍是进步。经常安排跟进会议，审查势态并厘清过程。正面反馈也很重要，如果（当）事情开始好转，应该真诚、积极地反馈给对方知道。有位主管告诉我们，在过去的两个月中，她和她的一个团队成员开了 5 次不同的会议。但这非常值得！这名队员已经成为团队中表现最出众的员工之一。

避免陷入情绪化

你恪守成为好领导的承诺令人钦佩。关心员工或对提供反馈感到紧张都不是坏事。但别人的问题很快会成为你的问题。更糟的是，一些员工可能会对你进行人身攻击——这都是你的错。因为员工或团队的恶劣表现，很多领导者会自责到彻夜难眠。但是，那并不意味着就是你的错！除了为自己感到难过之外，你也许还会觉得唯独自己落入了解决问题的陷阱。放轻松，你的角色是帮助员工了解需要改变的方面，那么你的职责就是促使他想出解决的办法。并且，在大部分情况下，那应该是员工的解决方案而不是你的。你的目标是提供支持，而不是免除对方解决问题的责任和义务。

使用数据资料

缺乏具体的数据会迅速导致绩效讨论出错，让员工挑战你的论据：给我一些实例。如果你无法以数据为后盾，清晰定义问题，那就别指望有所改进。定量的数据相对容易找到，你可以举出某人迟到的次数，或他们出现过多少次延期。较难获得的是行为数据。这时行为事例法（参见第 15 章）就派上用场了。它使你能围绕积极和消极行为收集反馈。讨论不佳表现时，使用定量的行为数据十分重要，尤其是在双方已陷入白热化阶段。下面是如何运用行为事例法的例子：

S/T（情况/任务）——你上周参加了一个关于新软件系统的小组会议。

A（行动）——你不断打断讨论并拒绝听取他人的想法。

R（结果）——开会的每个人都噤声了。很明显，他们不想再继续讨论。更麻烦的是，我们没能达成一致的行动方案。

所以，发生了什么事

还记得本章开头提到的朱迪和山姆吗？经过一系列富含情感的谈话，朱迪变得坦率，并解决了一些个人问题，她重新成为一名优秀的团队成员。山姆则不愿意接受反馈，而且还碰到了其他一些问题，最终离开了公司。看，效果出来了吧。

应对具有挑战性的员工应被视为一次机会，可以帮助他解决问题并回归正轨。但这偶尔会不奏效，你没帮上忙，只能放任他的不良举止毁掉他未来的职业生涯。但成功的关键就是你在许多指导和反馈谈话中运用的技能（参见第 14、15 章）。作为一个领导者，你会发现这些技能对于每一次谈话都至关重要。

我们还创建了一个相对轻松的有益指南，用来描绘你可能会遇到的一些常见困局，以及一些解决建议。

处理问题员工指南

虽然我们认为，处理问题员工的最佳办法是着眼于局势而非个人，但描述和说明有时也能帮助我们理解这类反复出现相同挑战的人和情境。每个“该怎么做”环节都为处理各种员工情况提供了实用技巧。

隐形人

早上 9 点 30 分的时候，他们的办公格子间仍然空荡无人；工作结束时，你会看见他们比其他人更早走出门口。隐形人接受会议请求，但在最后一秒会找借口推脱，他们永远都不参加公司或团队的任何活动。当他们罕见地出现在会议上时，也是眼睛盯着笔记本电脑和智能手机。在任务完成前，你必须跟进分配给他们的任务至少 3 次，你得依靠电子邮件或语音邮件，因为根本找不到他们。

采取什么行动

收集他们的不良工作习惯细节和对团队造成的影响。讨论要针对事实，寻找解决方案，以改善未来的工作习惯并商定一个可行计划。如果长期迟到和旷工的行为仍得不到改善，那可能就需要更正式的警告了。

僵尸人

有时表现优秀者也会突然变得拖拉，目光呆滞，毫无生气，并且快到工作期限时才开始行动。肯定有什么事情打击了他们的积极性，很可能是管理冲突或缺乏新的挑战。因为冷漠和空闲，僵尸人很容易“咬到”其他同事，让大家变成像他们一样

的梦游人或懒虫。所以，立即采取行动十分必要。

采取什么行动

首先，维护对方的自尊。别忘了，僵尸人曾经也是表现优秀者。公开讨论令他们变得颓废的原因和让他们恢复活力的所有方法。认真聆听、表示出同理的，进而确定下一步要解决的问题。可能一个新的项目或团队，抑或一个全新的角色，才能让僵尸人起死回生。

火山人

火山人的心情不可预测，反复无常且容易波动。虽然他们多数时候看起来很冷静，似乎在休眠，但是表象之下情绪正在沸腾。火山随时可能爆发——常常出其不意向你和整个团队喷出火球和烟灰，更要命的还会喷向客户。同事们如履薄冰，谁晓得下一刻爆发什么时候到来。

采取什么行动

提供有关情绪波动如何无意却又明显影响到他人的反馈。回顾最近的爆发，确定是否存在特别的触发因素需要注意和解决。询问他们有没有办法可以保持稳定的情绪。

自拍狂

寻求关注的自拍狂会抓住每一个机会公布自己的最新活动或任务，希望得到万千宠爱。他们爱取悦别人，却不知道大家都会在另外的会议上对这种无耻的自我推销翻白眼。自负者求胜心切，认为自己有振作和激励所有人的天赋，其中也包括他们根本没有准备好的发言。结果呢？一切都只围着他们转！

采取什么行动

提供诚实的反馈，这种以自我为中心的行为会让别人扫兴，并对他们努力营造的自我形象造成消极影响。向自拍者保证他们的努力会得到适当的关注。重新调整竞争，提醒自拍者真正的竞争来自组织外部！

踌躇满志者

踌躇满志者高高在上、沾沾自喜，感觉自己远远优胜于队友。踌躇满志者吹嘘自己的长处，而且确信自己级别更高，应该获得所有的好评和赞誉。实际上，他们通常外强中干，步履艰难，甚或不能担当任何实际工作。虽然踌躇满志者总是依赖别人把事情做好，但他们往往会尽量贬低同事，这样他们才能继续在团队中享受最多的敬仰和尊重。

采取什么行动

揭露和分担踌躇满志者对他人和自己的自我形象带来的负面影响。展示其他团队成员的实力，进一步表明他们并非世界的核心。为了帮助他们融入团体，在他们的发展领域提供反馈，并给他们创造可以与同事合作的机会。

壁花

壁花喜欢转移自己的视线，避免眼神交流，不想引起连锁反应。你知道他们的头脑都很聪明，却很难从他们那里搜到任何意见或问题。壁花总在等待别人接近或告诉他们要做什么，仿佛很不好意思做出贡献似的。当被问及他们的想法或观点，他们只是耸耸肩说，什么都可以或怎样都行，以确保安全和避免责任。

采取什么行动

告诉壁花，你并不知道全部答案，你希望所有的团队成员都能提出他们的观点和解决方案。鼓励壁花在其职责范围内独立行动。给他们提供可以自己完成或能与他人共同完成的特定任务（给予支持但不免除其责任！），然后强化成功，建立其信心和主动性。

乌云

当乌云生气、诋毁他人和抱怨时，会带来郁闷而糟糕的氛围。乌云是典型的受害者，会利用一切机会计较、抱怨当前情况，而不是征询更多的信息。他们很难看到别人的优点，会在工作场所散播猜疑、恐惧和消极。

采取什么行动

澄清并设法了解不满或恐惧的根源，确定具体的方法来解决他们的问题。适当表示同理，在需要改变或改进的项目上寻求他们的帮助。提供关于个人情绪和性格如何对他人和团队效率造成消极影响的反馈。

第 17 章

授权

当授权者而非推卸责任者

提前思考

你遇到过这样的老板吗？把任务丢给你，却很少或根本不提供能助你顺利完成任务的指令或指导。那是怎样的一种感觉？你是如何应对的？你认为身为领导者应该怎么做？做一个授权者，还是一个卸责者？

授权或不授权，这是个问题

我们来看看现实：很多时候，领导会紧握他们显然应该放手的任务和活动。那么，是什么让你退缩了？你是否：

• 保留任务，因为你认为授权给某人让他获取经验时，短期业绩可能会受影响？

• 避免授权发展型任务，因为需要时间和精力来保证某人的成功？

• 担心授权太多任务后，自己变得可有可无？

• 陷入多次授权相同员工的误区，因为知道他们会完成工作？

• 避免授权你的团队，因为你知道每个人都很忙？

• 保留任务，因为你担心员工不以你期许的方式完成工作？

如果你和许多新上任者一样，那你显然没有时间和能力事事亲力亲为。但授权任务会让人生畏，尤其当你不愿意放弃喜欢的工作，或是担心这个授权的工作没有达到标准而失去项目的前进动力时。人们倾向于这样考虑：如果我帮助别人完成这项工作的时间比我独立完成所耗的时间多，那一点都划不来。但事情不能这么合计，这不仅是（让你）精疲力竭的快车道，还肯定会让你的团队成员感到无聊、不被信任、窒息和无足重轻。最终你只能完成更少而不是更多的工作。当职场出现新挑战时，通过授权你就能了解哪些员工还没有做好准备。当然，你希望完成工作，但你同样希望公司的每个人都能对公司做出贡献并增长技能。DDI 的数据证明了这一点。在我们的 360 测评里（你的同事、老板和下属），授权是领导者最低级别的技能之一。[1] 换句话说，这项管理能力在发展需求中占据最高比例。[2]

我们定义授权的方式，能避免你犯很多新任领导或知名领袖曾犯过的错误，并确保你是在授权，而不是卸责。

让我们揭开授权的面纱。授权是一项非常重要的领导工具，让你有时间关注其他关键举措。同时，它不仅仅是分配任务给员工，还是一个确保团队每个成员都能为业务结果做贡献，并不断发展技能和专长的工具。你的职责就是审时度势，寻找机会使合适的人与正确的任务相匹配，以达到上述两个目标。如果你成功了，你就能释放时间、开启技能和能力，给所有人带来最大的效益。寻找这些机会应该成为你的第二天性。

> **授权定义：**向个人或团队分配任务和决策权，给以明确的界限、支持并跟进，从而不断寻找和跟踪实现结果和构建能力的机会。

授权的过程重在“什么”“谁”和“怎样”，询问自己：

1. 我应该授权什么，保留什么？（正确分配工作。）
2. 我要如何决定谁获得什么？（把工作分配给适当的人。）
3. 我怎样对决策进行有效沟通？（解决团队的个人和实际需求。）
4. 我该怎样跟进？（对授权的任务进行监控和指导。）

> **需要泰茜做一些指导吗？**她的视频将帮助你了解如何设定目标，建立信心。请在我们的网站上找到视频。

我应该授权什么，保留什么

要思考如何以正确的方式分配工作，理解权威十分重要。具体而言，接受任务的人在这三个关键领域具有权威：对工作做出决定、利用资源和解决问题。你必须郑重决定要放弃哪些权力，何时以及为什么。

有四种可考虑的基本类型：

保留任务

紧抓权威和责任以处理任务。多数情况下你会保留自己职责范围内的任务，比如可能会影响团体绩效的问题。（大多数与个人问题相关的事情应该由你处理。）另外，当其他人都没有资格或无法按期完成任务时，你要保留任务。

授权生成想法

分配责任，根据情况产生创意或想法。如果你想受益于他人的专长或观点，或者想通过产生的观点和决策，让受影响的员工建立责任感，授权就是很适合的方法。不要让这一切变成空谈！如果你没有准备好（适度）接受他人的观点，你会传递出你不信任员工的信息。这不仅造成士气低落，也会让你失去信誉。

授权任务

指派责任，以完成一项定义明确，且极少或根本不涉及决策权的任务。在这种情况下，你作为领导者要保留生成想法的任务，而仅仅授权完成任务的活动。这类任务必须按部就班地完成，但也要给团队成员提供尝试新事物的机会。比方说，如果你的企业受到严格监管，那你就可以使用这种类型的授权，带着明确的指导方针，安排某个新团队成员负责一些项目。

授以权威

指派责任，以完成一项定义明确并涉及清晰决策权的任务。这是一个重要议题。当他人有资格做出更大的决策，或者在一些指导下能够完成任务时，就是下放权力负责全部任务的绝佳机会。例如，相较于你来安排新团队成员的项目管理，何不让你的两名高级项目负责人去做培训？这样，新人和这些团队领导者可以密切合作，也将有助于他们共同培养技能。

现在，花点时间想想你在工作中是如何使用时间的。为了更快更有效率地取得成果，你会授权什么任务或职责？你要扮演怎样的新角色？你会委派出哪些角色？为了腾出更多时间专注首要优先项目，你会授权哪些任务？请用工具 17.1 作为帮助。

DDI 专业提示：询问你的同事，他们通常授权哪类工作和任务，并请他们分享吸取的教训和获得的好处。

工具 17.1　我应该授权什么

说明：反思前面描述的四种类型，并在以下表格简单写出你的任务。(注意：这是一个强大的笔记练习，你可以经常重复。)完成的话，恭喜你！你已经创建了授权工作清单，保留的工作和授权给团队的任务一目了然。

保留任务

- ❑ ______________________
- ❑ ______________________
- ❑ ______________________

授权生成想法

- ❑ ______________________
- ❑ ______________________
- ❑ ______________________

授权任务

- ❑ ______________________
- ❑ ______________________
- ❑ ______________________

授以权威

- ❑ ______________________
- ❑ ______________________
- ❑ ______________________

我如何决定授权给谁

本书中，我们鼓励你和他人进行大量谈话。你所进行的授权前谈话，尤其对新领导者而言，是你能判断职有所属的关键。一旦你进入自己的角色，这些谈话就不应该停止。如果你完成你的工作，团队的能力就会显著提升。反思一下你每次决定授权任务时的可能性。

DDI专业提示：想想当你给某个团队成员授权一项特定任务时，对其他队员会造成什么影响。会不会有人因为没被选中而感到沮丧？这项新任务会不会妨碍队员其他任务的进展？它会如何影响团队的成果？

以下四个问题能帮助你辨别工具 17.1 中每项授权的最佳人选。参与这个过程，即使你已经知道答案。

- **能力**——这个人是否具备处理任务和承担责任的知识和技能？
- **忙碌程度**——这个人是否有时间接受这项任务？他的工作是否要重新划分优先级？
- **动机**——这个人能否积极处理好这项授权？
- **发展需求**——这个人是否有发展需求，或者这是不是构建团队能力的机会？

让我们探讨一下最后那个问题。了解大多数的授权都具有发展性非常重要，这意味着，那些授权能帮助人们发展新的技能并达成商业目标。实际上，几乎每个人都有发展方向，即便是经验丰富的人。当你让某人走上学习之路——这也是授权常常代表的意思，对你来说重要的是确保他具备取得成功的条件。

我该如何有效沟通

现在，你应该感觉到谈话在你的领导生涯中的重要性了吧。基本原则和互动守则是针对优先项建立有效沟通策略的主心骨。使用图 17.1 作为如何在授权谈话中使用这些互动技巧的参考。

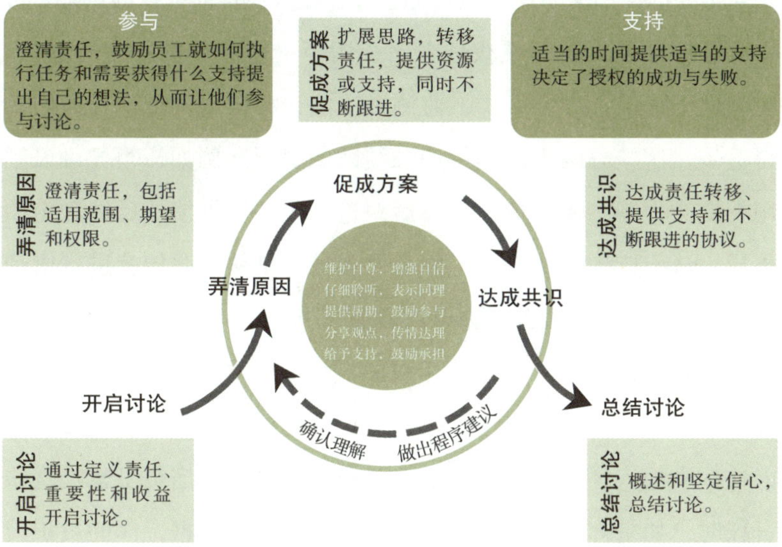

图 17.1　开展授权讨论

我要如何跟进（避免成为推卸责任者）

在本章的“提前思考”里，我们问过关于卸责的问题。我们都曾面临那些情况。领导者常常感到没办法时就卸责。你的经理可能需要完成一些工作，但是没有时间或精力，于是他全都推给了你，让你全权处理，简直期待你完成后打上蝴蝶结美美地送回来。

好吧，这项救助针对的正是那些苦苦挣扎在绝望边缘的领导者。跟进是确保你不致被视为卸责者的关键。跟进时，就你将如何监控进展、如何进行必要指导以及如何衡量成功达成共识，是相当重要的。如果不这么做，你会存在把人们推向失败的风险。

监控是某人执行授权任务时，用于贯彻和跟进进度的方法。在绩效下滑前，如果必要，监测方法能让你做出调整。当人们取得进步，这些方法也能提供加强绩效的机会。例如，领导可以利用初期会面观察团队成员，然后跟进工作、提供绩效反馈和定期指导，从而监控他的进步。你会发现最好是从一开始就进行密切监督。当员工取得经验时你可以后退一步。

绩效评估提供了具体、客观的目标，如质量、数量、成本和时效性，人们可以对照这些指标来评估自己的绩效。这些目标也能让你和他人评估授权对关键业务成果的影响。当员工承担这些责任时，如果你鼓励他们收集反馈和其他绩效数据，你的负担就会减轻，这比等待一个正式报告或者反馈要强。自我评估更是强劲有力，因为它干脆把成功的责任交到了负责工作的人手中。

总之，你需要商定适合于每一个人的监督和衡量方法，这些方法考虑了你的需求和经验，以及团队成员的个人需求。但要记住，一个领导如果控制过度反而会打消员工的积极性。这里的关键就在于找到你和他们舒适程度的平衡点。

有悖直觉的是，与授权任务保持联系实际上意味着，放手并最终让员工自己完成任务，你只是扮演一个支持者的角色。这也是最后一项基本原则的核心：提供支持但不免除责任。在你的授权谈话中，务必澄清你作为领导者将提供的支持并达成共识。或者，对于前面提及的刚上岗的新伙伴而言，支持很可能来自你的团队领导，他会随时告知你工作进展情况。

有悖直觉的是，与授权任务保持联系实际上意味着，放手并最终让员工自己完成任务，你只是扮演一个支持者的角色。

技术提示!! 有时候，一个微不足道的情况跟进都需要某人保持自信和积极性。使用多渠道跟进。情况跟进实际上可以使用任何方式完成，包括电子邮件、短信、即时消息等：我刚刚注意你的最后期限快到了！坚持下去！下一步可能会更艰苦；如果需要帮忙就吭声。

此外，你可能要考虑在你的工作列表上标出你的授权，或通过现在的新应用软件设置邮件提醒。它们能帮助身为领导者的你，在适当的时候进行核查。

绝不自找麻烦!

对于你来说，最难拒绝的事情之一是我们说的“逆授权”，你让那些碰了壁的员工把部分（或全部）任务交回给自己完成。（更有甚者，你一着急就把任务抢了回来。）回想一下第7章里那位背着所有麻烦（已授权任务）四处奔走的领导。抵制冲动！把这些时刻当作需要你提供更多或不同支持的一个信号。

为了避免矛盾，你需要尽早并时常进行团队指导。指导谈话能帮你确定事情的进展并跨越障碍。你的互动可以是正式或非正式的，也可以是很简单的“事情怎么样了”之类的短信。但你的职责是让对方自始至终有效率地处理任务或自己承担责任。所以，授权不会在第一次交接会议后终止。这是一段有你共同担当的旅程。

正式讨论是有计划的里程碑会议，以便评估进展情况，提供反馈和指导，解决所有问题，并根据人们的进步调整最初的计划。

非正式讨论可以安排在任何时间，可以是即兴谈话，也可以是情况跟进。我们的目标是主动解决人们可能遇到的困难或挑战，并提供更多的指导和支持。

当你进行这些谈话时，请确保问题的开放性，帮助人们做自我进度评估，并弄清楚他们担忧的事情。所以，相对于准备好你要告诉对方什么，不如准备好你要问些什么。

DDI 专业提示：不要认为对方不需要帮助。人们往往不愿寻求帮助，因为你已经授权他们承担这项任务和责任。在他们的观念里，寻求帮助可能会被视为软弱。

最后，如果你真的感到有麻烦事要发生，最明智的就是争取利益相关者成为你的盟友，以获得反馈，并在适当的情况下分享意见和建议。如果你觉得你需要介入，也只能适当介入！当一个项目濒临失败时，你的情绪可能高涨。根据对方的进展重新审视和调整你计划中的责任、权限、支持和后续工作，同时保持积极的心态。

你生活在一个激动人心的时代，你的公司、团队、家庭，还有你自己，承担的要求与日俱增。让大家做好准备满足这些要求，对每个人都有好处。作为领导者，如果你敢于分享经验带来的财富，你的团队也会获益。

第 18 章

绩效管理

注重持续的循环，而非单一事件

提前思考

思考以下问题。第一：你是否希望上司告知你在工作上的表现？第二：你喜欢做绩效考核吗？我们调查的大多数人对第一个问题都响亮地回答“是”，对第二个问题则果断地表示“不”。这就是绩效管理的矛盾。

挑战体系

对完善的绩效管理最简单的解释，就是帮助人们（比如经理和个人贡献者等）了解他们如何实现自己的工作目标并成长为专业人士。如果你还不能确认这个流程的战略意义，绩效管理能根据这些目标创建组织优先级顺序并建立问责，从而帮助企业执行其业务战略。所以，如果你的公司也这样，你可能需要使用某种绩效管理体系。这些体系往往使用电脑软件系统，向高管提供综合报告。你可能要采取特定的形式。你所收集的信息——设定的目标、实现的里程碑等，通常都会生成数据或其他评级，由公司用于评估所有的员工。整个过程可能会感受到紧张、尴尬，还经常中断，而不是激励或有意义的讨论。但这种情况可以改变！

和很多组织体系一样，绩效管理并不完美，却又是当今复杂业务必不可少的部分。你不应该只把它当成一年一度的盛事。绩效管理应该是常年都有的绩效思考大周期中的一部分。但你要让这个体系为你所用。本章可以帮助你将现有的绩效管理职责转换为一系列有意义的谈话，让你的员工感到更安全，变得更积极并迅速成长。在进入如何开展这类谈话的具体环节前，我们先来回顾两点，这将有助于你理解绩效管理的更大前景。

这跟你无关

多年前，一位下属向睿奇抱怨：“我的团队有 10 个人，我没有时间做所有的绩效评估。”

睿奇明智地回答：“你不需要做 10 份评估，你只要做你自己那份就可以了。”

换句话说，员工需要对自己的绩效和绩效谈话负责，而你则需要告诉他们怎么做。

你的每位下属都应该扮演好收集绩效数据、总结业绩甚至建议初步评级的主要角色。在一定程度上，这是切实可行的，你无法让人们表现得更好，但你可以指导、指引和支持他们，让他们更好地了解自己所处的发展阶段。可这里边也含有个人成分。跟踪自我绩效数据的员工在发现错误时更可能及早进行更正，也更容易投入工作。现在看来你似乎该放弃谈话的掌控权，但实际上并非如此。你的任务是管理流程：满足项目期限，确保讨论时使用正确数据，并运用正确的评估标准，而最最重要的是，管理绩效讨论。（我们稍后再详加讨论。）

技术提示!! 鼓励你的团队成员在取得演讲、会议或里程碑项目这类主要进展期间和之后，使用电子邮件征求关键人士（包括你）的反馈。让他们明确某个具体的项目或技能。譬如，像这样的邮件信息：“我想提升数据可视化方面的工作。您对演示中的图表有什么看法？有什么需要改进吗？”这类信息获得的反馈可以帮助部属跟踪一年的绩效进展情况，并在绩效评估时为他们提供丰富的讨论数据。

成为一名教练，而不是法官

许多绩效管理体系（老板的共同看法）都把领导者设定为员工的评估师或评鉴者。设计的一部分是：你使用的很多体系都会生成一个数字（或一系列数字），给员工的表现打分。大多数人都有害怕的充分理由。戴维·洛克和精神研究所的分析表明，针对上一年完成或未完成工作所进行的评估谈话，会让你的大脑处在恐惧状态，限制我们接收信息的能力。[1] 这是一个相当严重的设计缺陷，会在真正要了解你的绩效表现时成为障碍。

这个体系极易破解：你可以把绩效管理流程设计成一系列指导谈话，而不是单一的复核讨论。另外，你打算如何兑现承诺？你要一年到头每周指导和培养员工，并进行定期复核（至少半年一次）。通过这种方式，年末的讨论更多是连贯的指导或复核循环，而不是评鉴。

作为团队领导者，你需要知道每个人的表现和发展目标，做好主动提供指导和反馈的准备；同时，你应该随时记录结果。这样，临近年中或年末评估时，你和你的下属就能得出结论并达成一致评级。图 18.1 反映了指导和绩效的密切关系。你的工作就是把两者联系起来。

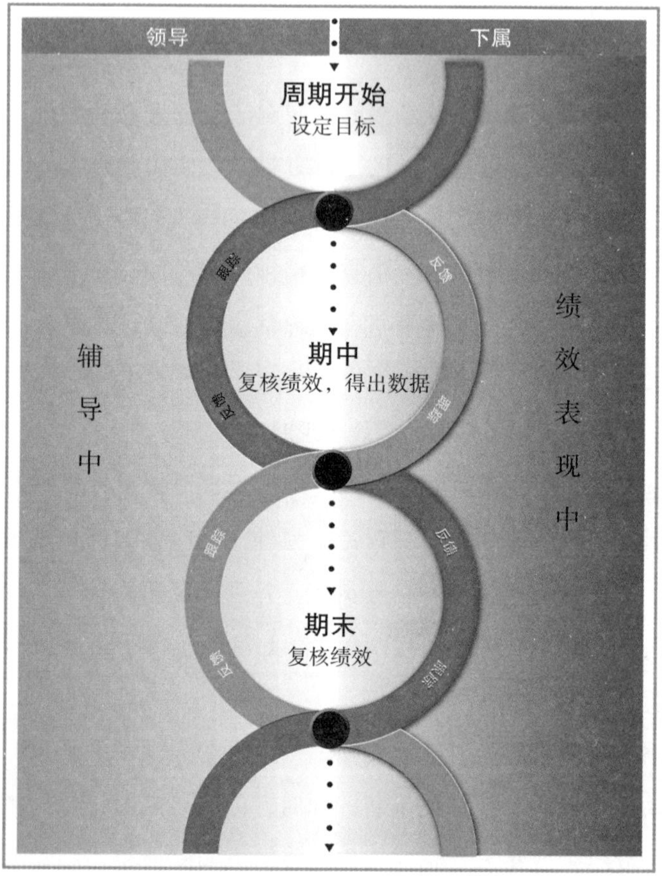

图 18.1 绩效周期：给领导者的指南

设定目标

每个绩效周期（通常一年期）都从设定目标开始。有两类同样重要的目标：绩效和行为。这样设想：绩效目标描述的是人们应该“做什么”，行为目标描述的是他们应该“如何做”。与你共事的人可能擅长完成工作却疏远同事，也可能善于和他人相处却工作表现欠佳。你的职责就是指导和发展“做什么”和“如何做”。让我们先从“做什么”开始讨论。

设定绩效目标SMART（“做什么”）

大多数企业组织提倡制定满足特定标准的绩效目标，我们称之为SMART目标，你的组织也可以使用其他相似的准则。设定良好的SMART目标是指导和讨论绩效时的锚点。

如果你不熟悉如何设定SMART目标，看看下面简短的教程。给你一条重要提示：不要跳过SMART的任何一步，否则你会在复核时付出代价，尤其是在员工表现不佳时。缺失某个部分会导致误解甚至争论，如：“我以为截止期限是 2 月份，你现在不能改变啊。”

设定良好的目标标准

SMART代表的是：

具体（Specific）——明确要达成的具体绩效。

可评估（Measurable）——明确数量、成本或数量指标以确定进度。

可实现（Attainable）——考虑具有挑战性，但仍可达成的目标。

相关性（Relevant）——支持团队或组织目标的完成。

时间性（Time bound）——规定截止日期、时限或频率。

SMART 目标的设定技巧

• 以一个行为动词开启每个目标。例如：增加、完成、实现。

• 明确数量、成本、时效性和质量，以及截止日期或时限。

• 避免制定极端目标。例如，“第三季度末组织部门所有人进行新软件体系培训”，这是一个可能完成也可能无法完成的目标。相反，可以灵活提供（比如）某个范畴，使目标更容易达成：“部门 95%~100% 的员工接受……培训。”

• 不要把任务或活动误认为是绩效目标。例如，对服务代表进行民意调查，了解他们是否发现产品使用的某些趋势，这可能是为实现绩效目标而要完成的多项任务中的一项。

• 确保每个目标都是可观测的。员工努力的成果对你和其他即将提供绩效反馈的人来说必须清晰易见。

• 每项主要工作成果的目标限定在 1~3 个。这能让整体绩效计划变得切实可行。你可以根据需求增加或修改。

• 咨询下属。这个目标对你、团队以及组织是否有益？如果没有，考虑重新制定。

SMART 目标的编写准则

你和下属可以使用这个三部分准则编写绩效目标，以切合 SMART 的标准。

表 18.1　SMART 编写标准

以某个行为动词开始，比如：	**包含一项评估方式，比如：**	**包含截止日期、时限和频率，比如：**
增加	多少钱	在二季度末时执行第一阶段
完成	多少	在会计年度末
达成	改善了多少	日常
实现	提速了多少	每周
减少	成本降低多少	按预定

举例：

行为　**评估**　截止日期

在第三季度末减少 ………… **3%~5%** ………… 的航运错误。
在每季度客户满意度调查中实现 …… **最低平均值在 3~5 分** ……… 的范围内。
在会计年度末减少 ………… **20 分钟** ………… 的病人等待时间。

图 18.2　SMART 示例

行为预期（“如何做”）

行为目标描述人们将如何完成绩效目标。在本书里，我们已经谈论了很多关于行为的话题，这就是原因之一。有时我们会看到组织使用“竞争力”“价值观”，甚至“角色”等术语来描写“如何做”。你不必为每个绩效目标设定行为目标；对于每个人的工作，5~7 项竞争力通常已经足以清楚表达。例如，为了有效执行，基层服务者可能需要好好处理客户服务，为团队成功、质量定位和适应性做出贡献。你作为领导的部分角色就是要确定人们计划中最重要的“如何做”，并将其关联到相关的绩效目标上。

收集行为数据通常比定量SMART目标更棘手。运用行为事例法（第15章）能够很好地做到这一点。你和你的团队成员应该通过绩效周期来收集行为事例。鼓励你的下属不仅要准备好自己的行为事例，还要找到其他人（例如同事、客户、供应商等）的行为事例。

> 能力是工作中关系成败的相关行为集合。

指导绩效谈话

遗憾的是，大多数绩效管理体系都淡化了最重要的目标设定和绩效复核讨论，而你将与团队成员进行的所有指导谈话却要围绕着这两者展开。领导者（和员工）过于注重完成表格和生成绩效等级；他们快速完成了最必要的事项——坦诚透明的预期与实际绩效对比的双向讨论。（实际上，我们怀疑太多领导者使用表格和系统方法是为了避免坦诚的讨论。）

正如我们在本章开头看到的，员工想知道自己所处的位置以及他们的表现如何，这是让他们告诉你的机会。是的，你没看错，因为员工要对自己的绩效负责，所以他们应该进行绩效讨论，这也意味着他们应该有最多的表达意见的时间，你可以通过指导谈话做出鼓励和强化。那么，你的下个目标是什么？以及根据你收集的数据，你如何评定这个目标的绩效——“低于”“高于”，还是“符合预期”？

大多数领导者都担心员工只会谈论积极面，忽略负面反馈，并高估自己的表现。然而，我们发现事实正好相反，尤其当你一直通过绩效周期进行指导讨论时。大部分员工愿意坦诚谈论他们的成功和收效不佳的部分。并且更多时候，他们会低估而不是高估自己的绩效。无论哪种情况，在你同意并加强评级，或者不同意并开始讨论原因之前，重要的是让员工先开口，看看他会如何看待自己的表现。

上司仍是老大

到目前为止，我们一直避免（甚至拒绝）使用上司这个术语，但它适用于这里。相对于绩效管理，你对业绩评级的最终判决负有责任。如果对绩效进行坦诚讨论后，你不同意下属的意见，那么还是作为上司的你的评价能进入等级评定系统。大多数绩效管理体系都给员工提供发言的机会，你要鼓励他们在此时表达不同的意见。但最终，组织仍会以你的意见为主。这确实是个好消息。

如果你把一整年的绩效管理谈话分解成小型、轻松，但极具意义的模块，在年底做复核时你就没什么好担心的了。相反，这个时刻会变成一个庆祝完成工作的机会，甚至还可以重温一些我们成功时的精彩瞬间，这是一起工作的人们应该多多交流的。各种可能发生的严重问题已经在先前的谈话中浮现，因此不会再有任何意外。倘若问题依然存在，正好可以制订计划解决它们。这种绩效考核帮助你发现自己的团队真正发生的情况，也帮助团队成员找到他们在组织中最适合的位置。

如果你能掌握这一点，你的绩效考核体系不仅将有利于你的团队和组织，还会让你成为令人信任和敬佩的领导者。

第 19 章

你和你的人脉网络

培养你的商业人际关系

提前思考

如果你在生活中遇到了困难，会向谁寻求建议？为什么？列出至少 5 个人的姓名。当前，谁会寻求你的帮助？为什么？列出至少 5 个人的姓名。

加入某个人脉网络的想法听起来有点吓人。原因很多，而且所有的原因都很合理。对大多数人来说，建立人脉关系感觉就必须变得长袖善舞，甚至巧言令色，和那些志不同道不合，又不确定是否真正能帮到你的人搭讪毕竟有些尴尬。建立人际关系真的那么重要吗？有什么意义吗？

当世界数字化后，这种感觉越来越深刻。如今，社交网络意味着信息超负荷。我们的在线生活似乎永不间断，你可能需要在查看微信及午餐时的自拍之间，忙着阅览一堆工作上可能相关的好资料及信息，同时必须挤出时间完成手上的工作。即使你接受建立人脉的观念，你也不知道如何建立良好的人际关系网络，或自己的努力能否得到回报。也许你讨厌向他人索求，比如请人帮忙，抑或你真的不善于交际。人类是极富挑战性的，这一点我们同意。

强大的人脉网络是指引你完成今天复杂工作的宝贵资源。

在这本书里，我们聊了很多基于人类努力而成就、值得付出的领导力。我们向你保证：你会发现人脉网络为你的领导职业生涯带来更多的好处。而且，显然你已经拥有一个了。在你的组织及生活中的所有人都能与你分享如何让你在工作上表现卓越，成为更快乐、更从容的领导者。当然你也是他人的资源！只要用心培养，这些人脉就会升级成让你可信赖的伙伴，甚至对你在最困难的工作环境时有所助力。强大的人脉网络是指引你完成今天复杂工作的宝贵资源。

今天，没有人可以像一座孤岛般独自工作，这就是我们所说的复杂性。你依赖人们完成工作，他们可能会或不会向你报告情况，他们的工作地点也许不在你附近，你对他们的生活也许知之甚少。他们在组织中的职位可能比你高，也可能相反。一切信息不再仅仅来自办公室里，而可能从四面八方朝你轰炸——从客户需求和产品变化，到公司发展和你领域内的最佳实践。你甚至可能都不能常见到你的老板。在网上你搜索不到真正重要的东西，像如何与一些特定人物相处和消除情境式障碍等。

能否更快、更高效地完成工作，完全取决于你认识谁。但是和社交网络不同，这看的不是谁会关注你，而是谁会给你回应。所以，你需要拓展人脉网络，即使你是个不善交际的人。

并非所有的关系网都是一样的。你想达到的目标将决定你要触碰哪张网。每个领导者都需要这五种人脉。[1]

• 激发创意，并以全新方式建议如何解决问题的创意人脉。

• 投资助你成长的个人发展人脉。

• 关系密切的社交人脉，以寻求意见和支持。

• 能够帮助你利用资源和信息把事情做好的有影响力的同事关系网。

• 能在你的公司内外给予你职业建议的职业关系网。

我认为建立人脉和找到能协助捍卫你的人，是事业成功的关键——无论那人是你的老板、高管或是导师。新上任者要尽量和一起工作的同事共进午餐，和他们交流以培养感情。要想取得成功，你在今后会需要这些关系网。在某时某刻，可能你正应聘某个职位，或在进行一次重组，有人会问你的老板或其他与你共事的人："凯西是怎样的一个人？她能胜任这份工作吗？"这时你的社交网络就大起作用了！

——美国一家化工企业的销售总监

在本章中，我们放弃在鸡尾酒会上建立人际关系的刻板概念，而接受一个全新的定义。

目的性的社交网络：积极建立以交换有用信息为目的的主要商业关系，以襄助你的工作。

身为单独个人能做的事很少；而当我们联合起来，就能做许多事。

——海伦·凯勒

我们会分享一些小贴士，帮你建立一个多样化的人脉网络，有些人与你的工作职能、工作经验、上班时间，甚至未来目标都完全不同，这将为你在思考自己的工作时增添一些有趣的角度，并拓宽你对组织运作的理解。不仅如此，它还能让生活变得更生动有趣！打造目的明确的人脉网络是一种技能，会很好地服务于你的领导生涯。而且，将有更多人出席你的公司生日派对，这可是相当棒的额外好处。

你站在价值阶梯的什么位置

就像我们所定义的，人际关系只有在双方都获得价值时才有效。当你被视为乐于付出的人，这些关系就会蓬勃发展。人脉网络不会一夜开花，人们需要时间了解你和信任你。即便你是新人，你也可以为公司做出很多贡献。想想你在“提前思考”练习中列出的名单：谁找你寻求帮助。你已经成为别人会选择依赖的人，现在是时候成为人们想要合作的伙伴了。

还记得玛丽安吗？我们曾在第 2 章介绍的大学沟通交流专家。她那个非常不受欢迎的上级突然遭到解雇后，她被推上了领导层。但大学的政策不好驾驭，6 个月后，行政部门才会正式宣布她的新职位。在此期间，产生的信息真空让每个人都神经紧绷。谁来负责？她解释：“我们为学校的每个部门提供信息服务：年度报告、网络更新、新闻。这不仅仅关系到我们，所有的人都会受影响。”

玛丽安迈出了勇敢的一步，她向各个部门的负责人引荐自己，并在行业运作中崭露头角，不再是以前常被忽略的不起眼儿的团队成员。她以一种非正式的方式让大家知道，她将在自己的部门发挥领导者的作用。这时候，玛丽安已经打开了门路，她还在各种生产活动中找到几个关键人物，比如印刷工和网络专业人士，这些人比她更了解她的新角色。

“我想给他们一个了解我的机会，但我同样需要了解他们的工作过程。”

她变得创意无限：“我完成工作后就四处闲逛，随意加入正在召开的会议。”她开始向需要交流的人提供有用的建议，虽然这不在她当前的项目范围内。

“没人介意我留下来，大家其实很高兴！”

她交了一些新的朋友，并以各种新的方法保持联系，就像大学里非正式指导其他工作的妈妈们一样。

她的新人脉网络真正起了作用：大家帮她找出了有能力的成员，还有他们的怪癖。玛丽安说：“我知道谁既冒失又脾气暴躁，也就不往心里去了。”并且，在每个部门她都遇到和她的前任存在相处不和的人。她表示，“我会在问题再次发生前解决它。”她也同样要处理所有导致不断延期的基本生产问题。当她正式接管团队时，全部成员已能较之前更快更顺利地处理自己的任务。

“如果我没有接触过那些人，这一切根本不可能发生。”

三种方式思考你现有的人脉

你希望建立一张人际关系网，帮助自己更出色地完成日常工作，并且在领导方面得到更好的发展。但你也想收集更深刻的见解，帮助自己发现即将到来的改变，或是寻找让团队变得更富创造力的方法。或是集思广益，以便你的员工保持高度投入和快乐。我们必须充分强调的一点是：人脉网络就是用于分享信息和价值。所以，你也要能在人际关系网里贡献自己。

想想如何在图 19.1 所示的人脉网络的三个领域中扮演好自己的角色。请记住，建立人脉网络的目标是在你需要寻求帮助之前，就建立有价值的联系。

图 19.1　三个领域

人际交往的四项实践

要构建一个涉及这三大领域的交际网，你需要一个策略。我们把这个策略称为“四项实践”，因为它们能够提供实用的方法来处理你发展的人脉网络。

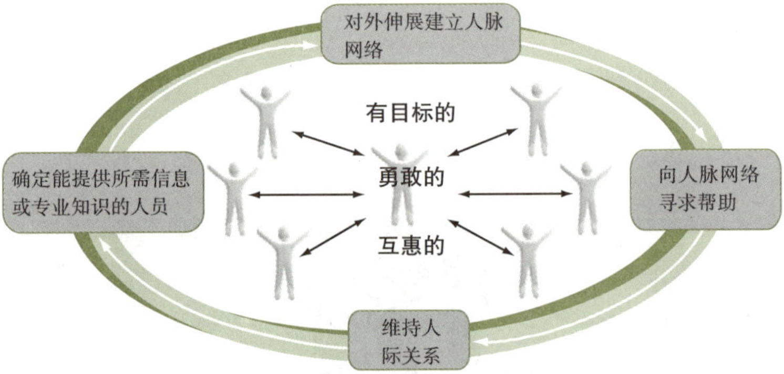

图 19.2　四项实践

为了帮助发现你在建立人脉技能中的强项和弱点，请登录网站，围绕四项实践做一个自我评估。这将为你的下一步骤提供便利的路径。

想获得建立人脉额外的入门要点吗？和你的新关系网中的最佳沟通者联系——他可能是你想深入了解的人（甚或是你的新老板）。向他展示你的自我评估结果，解释你想不断发展人脉的目标。如果对方正如你想的那么好，他会很乐意帮你的忙。

现在我们来探讨如何通过四项实践构建和维持意义深远的商业人脉网络。

1. 确定需要的信息/专业知识，以及能够提供它们的人员

这个行动通常是有意义的社交网络的起点，并确定能够让你的工作更有效率的信息、知识、技能或支持，以及能够帮助你获得它们的人。例如：

- 技术和其他工作具体的信息和专业知识。
- 对如何处理某个具有挑战性的情况或任务进行指导。
- 对组织功能、流程或程序的认知。
- 组织文化视角或不成文的规定。
- 坦诚的绩效反馈。
- 对职业机会的建议。
- 对新出现的问题和机会、决策的理论依据以及决策的影响给予警告和提示。
- 某个角色、责任或任务的目标/期望。
- 如何与新老板或高级领导人有效合作的建议。

2. 对外开展构建网络联系

许多人担心自己建立人脉网络关系的努力遭到拒绝。这种恐惧扎根在人性里，但有经验的人际沟通者知道其实无须担忧。但对很多人来说，最初的接触仍然需要勇气。大多数人比你想象中的更容易接触，很少有人会挂断寻求帮助的电话。例如：“我刚接手了某某项目，很想了解某人……”

着手建立人脉网络的目标是，以一种良好的方式令他人对你印象深刻。在首次通常短暂的接触中，你要给对方营造一种感觉，即你值得他人认识和定期分享信息。能够有效建立人脉交往的人惯用三个P。它们是：

• 正面印象（Positive impression）。

• 个人化的联系（Personal connection）。

• 有针对性地加强联络（Purposeful case for making a follow-up contact）。

让我们正视一点：大多数人会承认自己不愿意在一个陌生的新环境里与他人沟通，比如讨论会。但是有些个性风格能让你驾轻就熟地建立社交网络。具体而言，外向的人认为交流很容易，在各种活动或项目中都能轻松自如，从而为建立人际关系提供了更多机会。

这并不是说内向的人无法成为十分有效的沟通者，他们肯定可以！他们可能需要练习人脉网络的社会层面，但谈业务和获取信息时他们往往变得越来越自然。以我们的经验判断，内向的人更有可能提出揭示有用信息的问题。

不管性格类型如何，倘若并非面对面的交流，大多数人在进行人际交往时会感到更加自在。人际交往对于一般人来说从来都不是件容易的事。所以说，这是一种技能，像其他技能一样，你要不断地练习才能做得更好。

反思点

你的性格如何推进或阻碍你的人际交往能力？

3. 向人脉网络寻求帮助

研究证实，寻求帮助是一种与成功相联系的行为。实际上，很难得出另外的结论。如果你不寻求帮助，你可能无法获得需要的全部信息。你可能会冒出一个你认为很合理的想法，却不知道已经有人尝试过并且失败了。

但寻求帮助并不容易。首先，你要确定你真正需要什么帮助，比如应对某位表现不佳的员工或者处理一个具有挑战性的项目。然后，寻找你已经建立好关系并拥有你所需见解的人。此外，选择很可能做出回应的人。他之前是否回应过？他是否乐意你向她征求专业知识？

向你的人际网络寻求帮助时，一个控制焦虑情绪的好办法是：把为他人提供支持当作你领导力品牌的一部分（详见第 5 章）。当你寻找机会帮助别人时，人们会为你做宣传。你的联系人也会认为他们值得为你花费时间，因为作为回报，你能提供一些有价值的信息，帮助他们更好地工作或让他们重拾激情。

DDI 专业提示：如果你在想方设法从他人那里获取专业技术或见解，请用开放性的提问：我想知道关于……最重要的是什么？或者，你经常处理这类情况吗？又或者，这就是我的处境。它为什么会发生？我应该怎么回应？

4. 维持关系

维持关系是建立人脉网络的真正价值所在。能有效做到这一点的人会与他们的同伴保持融洽的互惠回应——寻找信息的同时也回馈信息和支持。他们还会主动积极提供和传递对合作伙伴有价值的支持与信息。

领英上的我问你答

问题：建立关系网最好的建议是什么？

苏珊·麦克弗森：在我的第一份领导工作中，我收获了一份非常成功的社交网络经验。我们在世界各地有 35 个办事处，在建立社交网络前，我们主要在网上沟通。我养成了用电子邮件向角色与我相似的人做自我介绍的习惯，学习他人如何工作以及寻找我的部门对他们有何价值。我向你保证，当你找不到方向时，没有什么比收到这类电子邮件更管用了！我广交朋友并结成联盟。但必须声明：只是商业关系上的友好互助。

我还养成了另一个习惯：定期交流与对方的工作或公司相关的信息，分享我在做的事情，更重要的是分享他人优秀工作的资讯。最后，我们成为彼此的拥护者。这是人际网络很重要的一个方面——你希望你圈子以外的人都能谈论你和你所做的工作。我肯定自己因此才得到了下一份工作。

如今，以这种方式建立关系会容易得多，现在一周在人际网络上花几个小时是不可避免的。

联系每个点

我们相信，领导力以及人际关系网的力量，存在于你和周围人们的谈话中。可最讽刺的是，谈话却是大家经常摔跤的地方。开启一个谈话都够困难了，如果你还想着建立人脉的目标，可能就会觉得很勉强和有交易性质，仿佛你和某人谈话只是为了从他那里得到什么。

现在正是时候运用我们最喜欢的试金石——基本原则。建立人脉就是与人交谈，是使用富有善意、同理心和尊重他人的基本原则的绝佳机会。倘若你把基本原则贯穿于同他人的谈话，就不会有不自在的感觉了。你可以真实地把自己呈现于人前，同时欣赏对方。

当今五种简易的开始方式

1. 从 10 个人开始

确定 10 个能够对你当前的工作给予帮助的人作为新人脉。以电子邮件或面谈形式做自我介绍，让他们知道你希望更多地了解他们的工作以及能给予他们什么帮助。你们有共通点吗？提出来！之后，在领英上联系以供谈话参考，并在微信上关注他们。

2. 运用人脉的力量

深化你的人际关系，并利用人脉作为枢纽或连接点。有些人似乎总是知道从哪里开始，即使他们不知道，也能帮你联系到那些知道的人。运用这些沟通达人查找信息或其他战略性的联系人。此外，借用高价值的联系人帮助你在他的人脉网络里传播你的想法和信息。

技术提示!! 你的人脉是你的净资产。在数字世界中，你的联系人和关系圈比你的名片更为重要。在你按下Enter键（输入键）前先要好好想清楚，今天你放在网上的一切都能被你的潜在雇主或客户搜索到。你想留下哪种持久的电子记忆或印象呢？

在分享文章或视频等这类信息时，要挑剔一些。对于像领英这样的开放源或类似Yammer的内部写作平台，要分享对你的人脉最有帮助或能让他们惊讶的东西，并且是与他们相关的东西。

（思考行业发展趋势、新闻、领导技巧或是影响到你自身领域的创新。）每天限制自己仅发1~2篇帖子，除非你的部分工作是为他人提供资讯。

如果你发现某样东西也许能给特定的人提供即时帮助，比如竞争对手的信息或关系到他们正在执行的项目的发展，通过短信或邮件私下告诉他们。请简短地说明你为什么认为它有帮助。

跳过有争议的话题！这是商业人脉，并非个人发泄交流平台。如果对他人的工作无益，请杜绝共享。

——卢克·威科夫，社交媒体源评估总监

3. 尽可能做5分钟谈话

亲自出面（无论是见面还是打电话）是建立关系的关键。但又有几个人有时间呢？寻找机会，以一种微小却有意义的方式帮助你身边的人。当你发现某个能够帮助他人的机会时，考虑安排一个5分钟的谈话。对，只需要5分钟！你可以发送这样的一封邮件：我知道下周你和萨米尔有个会议，我得到一些信息，应该对你有帮助。你是否可以在最后准备前花5分钟和我碰碰面？

4. 适当的鼓励

你社交网络的成员实现了新的目标，比如获得奖励或完成某个大项目，花几分钟向他们致意，一些真诚、友善的话语总是帮助很大。而且，好的人际网络伙伴也会在你困难时伸出援手，比如：在你出现意外、疾病或是不幸被解雇时。

5. 把你的人脉放到日程当中

安排时间思考如何发展你的人脉是十分重要的。你的人脉是否能满足你的需要？使用四项实践为指导，制作每周待办事项列表，譬如要会面的人、信息收集和分享、会议安排等。

想加入我们的人脉网络吗？

在你的职业生涯发展中，与DDI 开启一次常规谈话，通过这些网络加入我们：

领英　推特　脸书　博客　YouTube　谷歌+

第 20 章

影响力

眼光向上、向下及穿越

提前思考

想想生活中是谁影响你去冒险。可能是你认识的人，比如鼓励你去尝试新课程或学科的老师。也可能是你崇拜的人，比如政治、宗教或社区的某位领袖。他们的人生故事激励着你。是什么让你做出跨越？

激励会产生一种让人振奋的感觉。

尤其是把生活或工作引上令人兴奋的新方向时，你可能觉得，你的工作中有一部分是激励周围的人在出现新思想和新商业前景时拥抱它们。完全没错！但让我们以一种非常精确的方式想想激励背后的机制，我们称之为“影响力”。这是一项可以学习、评估并运用到日常生活的技能。我们把影响力诠释为促使人们做出支持特定业务成果的承诺。定义简单吧？当然。容易做到吗？未必。然而比起以往任何时候，这在今天已是一项必不可少的技能。

我们把影响力诠释为促使人们做出支持特定业务成果的承诺。

考虑以下例子：

• 医药销售代表想影响医师，为他们研究出的乳腺癌药物做医疗报告。

• 首席工程师需要整个公司投入人员、资源和时间，以更新现有的流程手册。

• 非营利机构的营销经理希望影响首席执行官，以便使用社交媒体为他们的组织传播积极愿景。

该你了：在你的工作上，你想要影响谁？为什么？

创造影响力需要个人力量

几十年前，各类组织往往具有比较传统的结构，高层领导者通常直接向员工发号施令。领导者要了解自己权力范围内的一切信息，以便做出适当的商业决策。他们也希望其他人按指令行事。这就是我们所说的职位权力。

你的上司可能会说:“我知道你很忙，不过明天一早，我需要你为我们的新客户起草一份项目实施方案，没问题吧？”

上司既然都开口了，你只能去做。可是从你的角度来讲，你有能力完成却会心不在焉。在一些极端情况下，人们感到被命令、被强制或被压迫时，最终可能会有损项目或任务。也许有人觉得职位权力是最有效的操作方式，但实际上，对于鼓励人们做出有益于企业和个人的承诺，这是效果最差的途径。

然而我们都知道，今天的企业更加扁平、敏捷和全球化：要完成工作，领导者需要和组织里其他部门的员工一起有效合作，其中大多数人都不在他们的直接管辖范围内。基层领导者多年来一直告诉我们，他们能发现问题却不知道如何处理，能发现潜在价值却无从利用。如今，你很难找到独力办事的领导，他们或多或少会依靠网络上一些极少碰面，甚或从未见过的人来完成任务。

影响力=个人力量：影响力是一种能帮助你与他人有效开展合作的技能；你没有职位权力，无法要求他们接受某个观点或机会，也无法让他们对你做出承诺。你需要展示你的个人力量。我们一直听人们谈起他们对这种新形势有多么爱恨交织。

领导者不仅需要和组织中其他部门的人有效展开工作，还要早于他们的领导者洞察机会，如果处理好这些，整个组织会变得更好。我们讨论的是未知的商业机遇、共享信息的更佳途径，甚至是满足客户需求的新方式。这些都是制造影响的绝佳时机。（我们会在第22章中更详细地讨论这一点。）当今的新式矩阵组织，加大了人们有效完成跨团队、跨学科乃至跨时区工作的筹码。

光有想法还不够，确定某人能帮助你实现目标也不够。就人性而言，如何让人们致力于一个新方向是影响力的核心。为此，你必须提供有力理据。

> 我压力很大。一方面，我们的业务扩大了；但同时，我觉得我得做大量的调查工作，搞清楚一切是如何运作的，因为我们的进展过快，增长也过猛。我只负责一项实体产品，还有出货、营销和融资……我们也有外部客户，但奇怪得很，我们一直以这种非正式的方式和他们联系。能否找到关键负责人还是一回事，可要让所有人都来参与我的生产问题……感觉这实在超出我的能力。
>
> ——马里奥，有机产品公司的生产负责人

反思点

你的影响力机会：

1. 哪些想法、替代方法或机会需要你影响他人采取行动？

2. 你的观点如何支持组织的目标、价值观和宗旨？

3. 你要影响哪些重要的利益相关者，你为什么需要他们的承诺？

4. 你预期会有怎样的挑战，你需要什么支持？

制定一个影响力策略

当你手上有一个项目要处理但又尚未开始时，这个章节会特别有用。

> 在脸书公司，促使员工用心工作的原因在于做他们想做的事情。
>
> ——马克·扎克伯格，
> 脸书创始人兼首席执行官

影响力策略是你在召开会议、编写电邮或和人们开启谈话前，组织自我观点的一个简单的行动计划。你的策略要结合实际证据，用数据、报告、统计资料、专家意见来证明你的观点。（很多人都喜欢跳过这一步，请不要这么做。）把你的影响力策略当成个人说服力的指南针。在和人们谈话前，你就要有能为他们指出正确方向的信心。问问自己：我询问的这些有意义吗？我得出的数据和做出的假设正确吗？我像在操控他人，还是这些就是真正的共同目标？我真的在给对方机会了解我的想法吗？最重要的是，我是否在获取认同——赢得人心，还是仅仅告诉他们做些什么？

图 20.1 描述了我们诠释的 7 个步骤，有助于你制定有用的影响力策略。我们同样会提供一些例子，激发你思考如何制定这些策略。

提倡效益

向他人展示某个观点如何有益于组织，将有助于他们以新的眼光看问题。重要的是，先要确保这个观点能影响组织目标、价值观和方向。把这些效益与人们的利益及信念联系起来，以便他们能够理解你所说的话。

阐释自己对更新客户界面的理念时，莫尼克引述了它的新增功能和较高的可用性。她把这些实惠与组织宗旨直接挂钩，以减少客户服务电话。

收集证据

提出支持你观点的证据能改变一切。收集可靠的支持数据证明你自己，用统计资料、报告、文献及专家观点加以确认，以便对你需要影响的人们产生意义。

吉姆计划为自己的团队申请新的安全设备，而且需要获得资金和培训批准。为了支持他的请求，他要提供已购买并使用该设备的其他组织的安全数据，和减少伤害的专家意见。

考虑环境因素

组织的内部文化会决定你如何表达想法。开启话题之前，想想组织目标、价值观和宗旨、当前进展、沟通方法。此外，建立的协议和不成文的规定也很重要。

克里斯注意到，在临近预算周期开始时提出要求更有可能通过。于是，她着手围绕这些周期向利益相关者提出自己的要求，以期更大限度地获得批准。

创造并培养你的商业人脉网络

和重要的组员建立信任和信誉是很好的常见做法，这也有利于获得影响力。与可以信赖的人建立长期或短期的合作关系，并让他们也能信赖你。

今年早些时候，朱莉向她的经理提出过程改进时，罗伯特支持了她。他的支持对获得经理的承诺很有帮助。如果罗伯特需要支持的话，朱莉也会很乐意帮助他。

图 20.1 影响力策略

鼓励体验

让你想要影响的人看到某个观点的作用，为他们创造机会，体验观点的影响力、重要性和实用性。

玛雅想实施为患者分发药品的新计划。她建立了一个模型，让她的领导了解到这个想法能够简化流程并排除干扰和中断。

寻求第三方的参与

寻求帮助。主题专家、客户或你的经理可以给你提供意见、观点和个人经验，帮助你影响他人。

马库斯是一名计算机程序员，他提出使用新的生产流程遭到了反对。他向另一组受尊重且成功使用同样流程的同事请求支持。

计划小型的成功

渐进而稳定的进展，或一系列的小型成功，比依赖于互动更能有效地影响他人。在持续监测进展时确定如何实现这些成功，将有助于激发动力并让你赢得他人的承诺。

基于托尼对类似请求的反应，珍妮佛认为他会否决她更换供应商的要求。为了获得小的胜利，她推荐托尼为一项即将开展的工作与新的供应商合作。他同意尝试，表示合作成功的话会重新考虑她的请求。

图 20.1　影响力策略（续）

这类谈话在开始的时候可能充满挑战。根据我们的经验，想影响别人的人主要纠结于两种方式：其一，他们对于提要求比较敏感，因为他们不想破坏现有的关系。所以他们通常不会解释自己的理由。他们为别人考虑得太多。其二，他们可能过于自信，总是令别人觉得他们爱出风头或冷漠无情。他们不太为别人着想。

考虑第三种较为平衡的方法，干脆坦然认可每一个人：你和我在某些方面有相似的需求，不同于其他人。这会让你试图影响的人感到被理解和受尊重；同时也表明你把他视为潜在的问题解决者，而不是一个障碍。对方就更有可能给你做出诚实的反馈，这将有助于你发现他处在承诺的哪个阶段。他会支持自己吗？支持到何种程度？为什么？

多运用数据并聪明地选择你的措辞

我们这里谈论的影响他人，可能需要花些时间。的确，它本身就是一个项目！你可能要进行一次或多次谈话，可能要写邮件、安排会议、做演示，甚至制作模型。这些都是你的工作。日积月累，你会发现经过不断地练习影响行为，它们终将成为自己最自然的处事方式。

我们说过，你需要也应该使用真实的数据表达你的观点。但我们同样鼓励你包装自己的主意。也就是说，以各种方式设计你的想法最有可能说服或取悦你的谈话对象。你可以使用隐喻、描述和视觉效果——那些不仅能让你的故事变得精彩，还可能是大家希望同他人分享的素材。（尤其是会议和演示，另外一对一的谈话和电子邮件也同样有效。）就像我们每天都在社交媒体上做的那样，谨慎而敏锐地包装你的想法，并运用一些能够促成理解和认知的基本营销原理，这些可以帮助你影响公司内部的同事和团队成员。问问自己：

- 哪些隐喻或类比能够提供新的视角或简化复杂问题？

• 在公司里，人们讲故事的能力如何？

• 我如何将数据转换成简单、令人难忘的画面？

画一幅图

视觉化——使用隐喻、类比、描述、诙谐和强烈的视觉效果可以构建愿景并留下难以磨灭的印象。

隐喻——演讲中的一种修辞，将表示客体或观点的词或短语用在另一个暗示它们之间有相似性的地方。

类比——通过已知事物和未知事物对比不同的项目。

• 这个工作过程就像第一次开车经过一座城市：转弯很多、一路走错，还进了单行道，但最终你到达了目的地。

问你自己：

• 公司的企业文化喜欢运用故事及幽默来沟通吗？

• 用什么样的视觉物（投影片或录像）最能吸引人？

意料之外——运用得当，惊奇元素就能让人们走出舒适区，促使他们思考新的想法或者做出改变。

问题的力量

开放式、封闭式及激发性——问题能抛砖引玉、控制讨论方向及唤起情感。

开放式——不能以一个词做出回答、鼓励讨论。如：

这个改变对你当前的进程有何影响？

封闭式——需要一个明确的答案、聚焦谈话。如：

我们都同意从周一开始吗？

激发性——直捣问题的核心、揭露后果、引发情感、驱动选择。如：

如果我们不采取行动提高创新力的话，我们的企业还能存活下去吗？

反思点

花些时间回想一下你的影响机会。然后，使用你设想的图像或视觉关联。记住，尽量保持简单。如果不能简单共享，你的图像可能就无法用作正确的包装技术！

检查是否准备就绪，获取行动承诺

现在，你已经为你的影响力机会制定了一个总体策略，并计划好如何以独特的方式进行包装，从而让人们行动起来。下一步就要获得利益相关者的承诺。你该怎么做？

确认和结束——当你需要立即回复，或你有把握某人准备就绪时。

小贴士：要毫不犹豫地要求口头或书面的承诺。一个“公开”的承诺能最有效地确保他人坚持到底。

寻求与发展——对方无法被说服或保持中立或持怀态度疑时。

小贴士：准备好使用适当的决策工具和技术，特别是当你在小组互动中进行这一步骤时。

后退一步——怀疑论者感性、对抗，甚或踌躇不前。

小贴士：不要放弃问题。安排时间再次会谈；考虑你是真的需要这个人的承诺，还是没有他你也能继续推进？

对下个步骤达成共识——衡量承诺的真正标准是行动。确认是否取得了奔向最终目标的重要承诺或渐进步骤，确保对适当的后续行动达成共识，包括规范责任、时限和跟踪方法。

准备好、启动、创造影响！

现在，你应该深刻感受到了影响力对职业生涯产生的意义。你应该也会发现，第二部分某些章节的材料，比如建立人脉（第 19 章）、管理变革（网站上），以及指导（第 14 章）等，将帮助你掌握必要的社交技巧，设计你的影响力谈话以便发挥最大作用。

第 21 章

女性的第一份领导工作

拥有这一刻

提前思考

花点时间关注一下你参加会议时的肢体语言。迟到时你会不会偷偷溜进去？坐在离桌子较远的位置？你是静静地走进会议室，还是摆出强势的姿态？问问值得信赖的同事，看看你在他人面前是怎样的形象。

成败在此一举

比起其他任何时刻，女性职场生涯中的首次领导角色是成败的关键，可能将决定她们余下职业生涯的选择。本章以泰茜如何成为（或支持）成功新任女领导为例，重点提出实用性的建议。

南希不仅勇敢追求志向，她还获得了控制权。

她说："我是一名技术分析师，但我一直想晋升管理层。"

软件工程师要实现这样的飞跃，通常意味着已经为公司效力了很长时间，履行自我职责，证明自身实力。8 年来，她通过游说并拿下各种受关注的项目，慢慢顺着阶梯往上爬。

一切尽在计划中！她的经理很支持她，预计将来会有一个适合她的职位，她的生活也越来越井井有条。

南希想："一旦我胜任了新职位，就要一个孩子，毕竟这两件事几乎没法同时进行。"

然而事出意外，丈夫突然获得了不容错过的升迁。于是，他们从亚特兰大搬到了新泽西，她精心设计的人生规划泡汤了。

"为了走上领导轨道，我只好在其他地方重新开始。"

南希接下来的历程简直就是目标设定、个人发展和顽强毅力的经典杰作。进入新工作后仅仅几周，她就决心尽可能在短期内完成职业发展。首先，她决定攻取备受重视的新职业证书，为自己的履历增色。

"我找了个在线课程（在印度），因为时差不同我可以在晚上和周末学习认证课，这样就能从事工作上的新项目了。"

虽然她已经加倍工作，却仍旧说服经理给她提升自我的机会，帮助她了解新公司的运作。有他和我一起做项目，我犯任何错误就不会造成什么麻烦。凭借远远超出本书讨论范围的策划天赋，南希完成了学业并在怀孕的前三个月通过了认证考试。她一步步走到了终点线。

“我真的不舒服到了极点，吐得天昏地暗！但还有很多艰苦的工作等着我。”

这一次，一切仍在掌握中。在不到两年的时间里，她实现了自己的目标，还当上了幸福的妈妈。休完产假，她又扎进了自己的首个管理角色。

当然，就在这时，所有事情突然乱成了一团糟。

在本书的前面我们就曾指出，让你成为出色领导者的因素可能与让你在过去取得成功的因素毫无关联。作为领导者，你所面临的挑战截然不同，而且挑战可能格外严峻。但是，女性要登上领导岗位，仅在人生规划中立下豪情壮志是远远不够的。

南希表示：“我从没想过实际带领一支团队会有多难。”

以她所有的成就来讲，她尚未具备管理一群经验丰富的工程师的必要技能，而这一群优秀的工程清一色的为男性。公司的领导文化也让她措手不及。

南希回忆：“他们甚至不愿接受我的会议请求。”

在一次次未能达到基本标准后，南希知道自己陷入了困境。当时的她，住在一个新社区，手上是一份新工作，儿子才刚刚蹒跚学步。

她指出：“我总是感到精疲力尽。”

玻璃天花板就在那里

尽管女性在高等教育方面的确持续稳步提升，并在原先由男性主宰的领域获得初级岗位，但是她们极少能够跻身上层领导职务。快速浏览一下揭示玻璃天花板依然存在的数据：女性占初级员工的 53%，占经理的 40%，占副总裁的 27%，占高级副总裁的 24%，占首席级高管的 19%。[1] 世界 500 强企业的女性首席执行官比例呢？大概只有 5%。[2] 无论是作为管理人员、董事会成员、风险资本支持的企业家，还是在政府部门就职，女性担任高级领导的比例根本不曾上升。

与此同时，性别多样化商业案例比以往任何时候都激烈。DDI 与世界大型企业联合会（Conference Board）合作的《全球领导力展望》（*Global Leadership Forecase*）调研发现，拥有更多女性的组织在金融方面一贯表现更好。如图 21.1 所示，财务业绩在底部 20% 的公司只有 19% 的女性身居领导职位；排在前面 20% 的公司的这一比例为 37%，几乎多了一倍。[3]

那么，为什么女性会从管理阶梯上掉下来？一个可能的原因是：女性人才在第一次体验基层领导层职位后决定退出。

企业文化仍是一个问题。随着寻求进步的女性领导者人数的减少，能作为榜样的女性也寥寥无几。这意味着，影响企业从真正多样性中获得实际益处的机会更少了。而且，似乎提倡女性担任领导职位的人也少之又少。

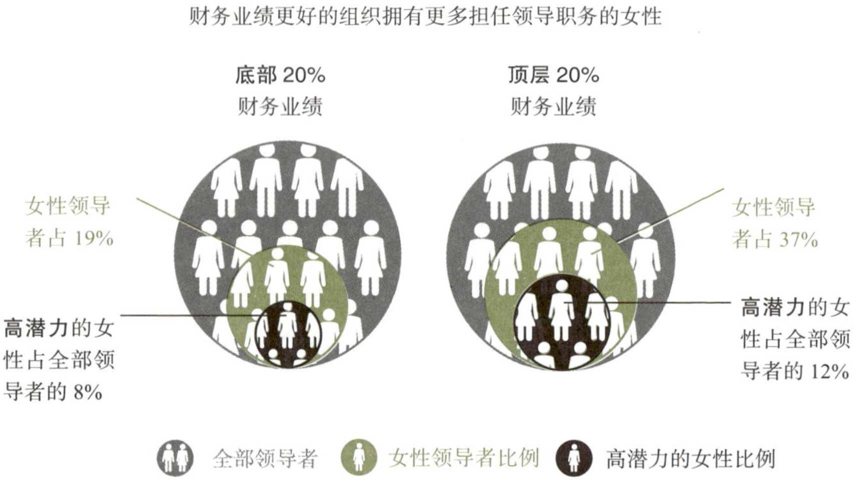

图 21.1　更多的女性领导者 = 更好的公司业绩

一位年轻银行家指出："我原以为所谓的'边打高尔夫边做生意'的招数已经老掉牙，结果不是。当我第二次错失晋升机会时，我总算明白过来。我不适合这里。"

> 男性只需满足 60% 的工作资格就可以应聘工作，而女性得证明她们 100% 够条件，才能跑去谋职。

惠普公司在 2008 年做了一项内部研究，尝试了解为什么越来越多的女性不去申请更高级的领导职位。这似乎是工作中男性与女性个性分析的俗套案例。男性只需满足 60% 的工作资格就可以应聘工作[4]，而女性得证明她们 100% 够条件，才能跑去谋职。这里仅是提供最新数据，表明存在个性差异阻挠女性前行。要是我们能更有自信该多好！但是，我们没有。

研究清楚显示，在领导力方面，性别之间并没有什么实质上的区别。女性也了解这一点。根据《2014—2015 年度全球领导力展望》调研结果显示，女性领导者认为她们的一系列能力、让领导者真正发挥作用的重要技能，和男性同样有效。[5] 其他多个研究表明，女性领导和她们的男性同行一样能干。实际上，DDI 自己的测试和评鉴过程（衡量实际的行为，而不是调查数据）指出，当涉及性别时，领导能力几乎没有差别。稍后我们再做详细讨论。

那么，是什么阻碍了女性？《全球领导力展望》调研的女性受访者表示，她们缺少领导团队和获得全球领导经验的机会。这些经验具有巨大潜力，是职场发展的重要试练场。此外，还能为领导者的能力和信心提供强劲提升。而这是我们女性自己（包括我们指导的女性领导者）可以为自己争取的。我们需要主动辨别重要的领导力发展任务，确保我们完美的发展计划成为现实。

> 发展机会完全影响到了我的职业生涯。因为我接受过培训，我被当成了教练、倡导者、万事通和主题专家。我的人际交往能力很强，我能在互动中取得较好的结果，我的责任不断增加，我的价值不言而喻。
>
> ——某大区经理，消费品行业

因此，剥夺女性平等发展的权利会迅速导致不满情绪。

鼓励组织的领导群实现性别多样化，意味着思想上会出现巨

> 男性可以参加更多的研讨会和会议。可如果是女性高管，就要经受一番挑挑拣拣。倘若她真有机会参加，也只能每隔一年参加一次。
>
> ——医疗保健机构总监

大差异，反过来，也能促进问题的解决并获得更大的商业利益（见表 21.1）。但尤为重要的是，要确保女性平等获得发展经验。相应的，这也保证了她们同样有资格为下一次晋升机会做好准备。女性必须确保（或要求）获得性别平等对待，以争取这些不易把握的发展经验。

询问女性领导什么因素会提高她们的效率时，调查结果表明：组织需要开始创造更多的透明度，更加注重促进女性担任领导职务，营造每个人都有机会成为领导者的氛围。

这是信心的问题吗？

所以，是什么让你停滞不前？你是担心全球领导经验中的出差要求会影响你现在或将来的家庭吗？或者，你只是没有信心承担更大的角色责任？根据著名广播员克莱尔·施普曼和凯蒂·肯的力作《信心密码》（*The Confidence Code*）表述的，自信心是关键的区别所在。[6] 概括起来就是，男性认为自己做得到而女性认为自己做不到的情况。我们自己针对性别差异的全球领导力预测研究也呼应了这个主题（见图 21.2）：比起男性，女性更倾向于把自己评定为效率欠佳的领导者。换句话说，我们得出一个悖论——根据调查数据，女性认为她们作为领导者较男性表现低效，但同时，她们在

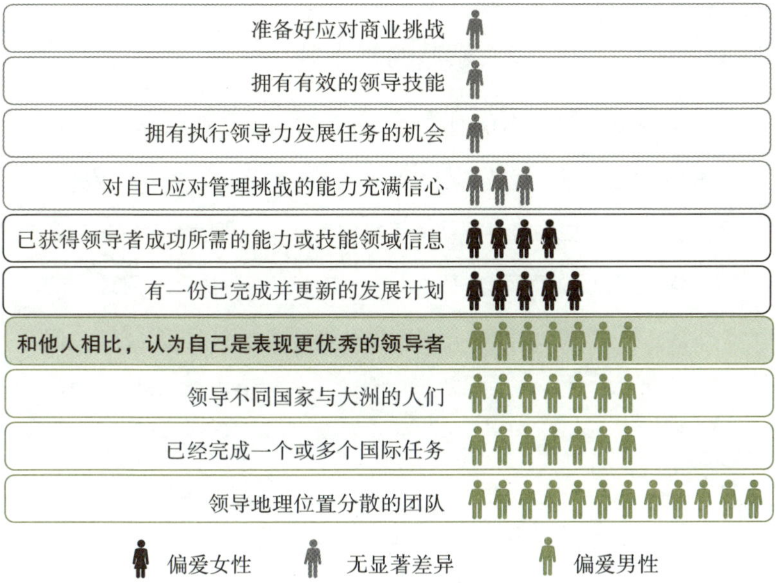

图 21.2　性别差异在哪里

领导技巧上又表现较好。所以，这真的是自信问题吗？

另一种可能的解释，来自塔拉·索菲尔发表在《哈佛商业评论》上的文章。[7] 调查了 1000 名男性和女性之后，她发现，男性和女性不应聘他们缺乏资历的工作的最主要原因都是："我认为他们不会聘雇我，所以不想浪费时间。"缺乏自信会在工作场合阻碍女性，同样，无法理解职场系统的实际操作也可能会形成阻力。换言之，申请那些要求证书的工作实际上只是看如何操作。尤其对女性领导来说，要想跟进公司的内部运作，你必须利用你的人脉网络（见第 19 章）。当然，这需要更多的信心。

泰茜的起床号

我曾因为缺乏自信而吃亏。几年前，我实现了一个相当重要的领导层飞跃。我被指定改造公司的一套产品，将个人定制的培训产品转换成由技术驱动的可扩展产品，以便满足多得多的客户。我领导9个课题的研发，与一支能够完美执行产品理念的跨学科团队合作。但是对于要任命一位整体产品领导者（或者说是这些新产品的“脸面”），我想都没想过。这个角色将负责管理研发（我目前管理的事务）、市场营销、公共关系、教育领域，以及呼风唤雨的销售高手。

> 我们所不了解的业务运作同样阻碍了我们的进步。而我们每天都能做一些改变。

我即将错过这个领导岗位，甚至没有意识到我正在参与竞争。另一位候选人是男性，已经开始积极向行政团队游说产品负责人的头衔。决策者倾向于他，部分原因是他看起来非常渴望这个角色，而我只知道一天到晚忙着干活。换句话说，我以为这是顺理成章的事，内置于我所做的工作，并且我已经赢得了这个职位。真是当头棒喝！

起床号!!

就在那时，我领悟到一个重要的事实，对我和我指导的年轻女性帮助很大。即，我们所不了解的业务运作同样阻碍了我们的进步。而我们每天都能做一些改变。

我是怎么处理的？我召开了一次会议，向总裁和另一名高级领导宣布我对职位很感兴趣。但我并不专注于讨论我已经做了什么。相反，我把重点集中于从次要产品中获得的丰富经验，从先前产品发布会学到的智慧，我对组织的认知，以及如何完成工作以保证新产品在未来获得成功的方法。也许他们因为各种原因早就忽略了我，但是，让他们重新关注我和我的才能是我的责任。

最后他们把工作交给了我。令人欣慰的是，该解决方案成为DDI历史上发展最快的产品，我也收到了职业生涯中最美的赞誉。

总裁说：“泰茜，没有人能像你这样敢于为DDI执行新项目。我相信，把这个工作交给你是我职业生涯中做过的最好的决定之一。”

一旦我意识到有必要，我就会向老板表明态度。请注意，我说的是“表明”，而不是“捍卫”。我要做的是阐述我为什么适合担当眼前的工作和任务。

尽早并经常表明态度

虽然每个人都需要声明自己的下一步准备，但女性经常会漏

> 女性经常错失表态的机会，提醒他人我们能做什么。

掉做出一些提示，比如何时以及如何提醒人们我们现在能做的事，和我们之后打算做的事。作为尽责的规则遵守者，女性很可能抓不住要领：只是服从指令并不足以获得成功。

对女性来说，声明式谈话颇有分量。这种呼吁行动适用于所有女性，单身的、已婚的、职场妈妈和重组家庭妈妈。要平衡好这一切的女性需要远离纷争，而且每天都要努力做到最好，应对种种麻烦并完成工作，以便放眼于未来——成为领导人物的未来，还要表明态度。

反思指导

找到好的导师对于新职业来说就像中了彩券。DDI 的研究表明，如果你找到一个合适的人选并向他寻求赞助，这个人很可能会答应。[8] 但是找到合适人选并非易事，况且很多年轻的女性都不愿意发出请求。感觉那样会很窘迫，好像是在要求别人喜欢你一样，那么你的职业生涯此时正在失去活力。

我们的最好建议是，寻找“专业导师”，能随着你的职业生涯发展给你提供反馈，特别是你在面临拓展型任务时，譬如进行一次重要演示或是将一个新业务单元上线。也许这和你的整个职业关系不大，所以重点在于找到一个现在能帮助你的专家。不要只向女性咨询！因为在你晋升时，你会发现女性领导者较少，所以为什么要限制自己呢？女性导师能够基于她们在职场道路获得的智慧给你建议，男性导师则能建议你如何在工作场所给别人留下印象。两者都能提高你的政治头脑。以下的练习给你提供了一个很好的理由去拓展人脉网络，而不必感到自己在乞求别人。

凯利·霍伊是天使投资人兼创业顾问，以前还是一家早期女性创业公司的律师。

她说："在某些方面，我希望女性不再一味关注导师。当女性找不到导师，或更糟糕的，那个人无法奇迹般出现时，女性往往会选择放弃。"

其实，潜在的专业导师很可能就在你身边。

"我经常告诉女人们看看局势，看看是谁在给你活干，看看谁在观察你的工作，或是在谈论你在做的事。这个人会愿意帮助你，他会用政治资本帮助你前进。这些人都是你可以寻求的短期导师或教练。他们是那些你不在场时会为你说话的人。给他们一个了解你有能力的理由。"

DDI 专业提示：创建自己的亲密三人组。自己在组织中找到两个有前途的女性，一个职位比你高一级，另一个低一级。创建一个小的支持性社交小组，帮助每个人成为专业人士并满足公司的具体要求。

2014 年 9 月，《时代》杂志就如何定义成功、高度重视的重要性以及实现的风险，调查了1000名女性。调查发现，只有8%的女性认为自己一直很成功；36%的女性经常感到在工作的时候，她们比自己实际认为的更合格。[9]

所以，女性需要的是转变态度。或者，在我们的脑海里要有一个不同的声音指导我们前进。一个美妙的声音来自谢莉尔·桑德伯格，她说过："女性需要转变思维，从'我还没有准备好做某事'转变成'我想做这件事，我会在实践中学习'。"[10]诚然，在工作中学习是需要勇气的，但是所有的冒险都很值得。

智慧的女性（包括麦当娜）

睿奇和泰茜开启了一轮交谈（更准确地说，是40多次谈话）：与全球领先于行业的高级女性领导者对话。以下的建议和个人智慧均来自这些女性，她们都是自己在攀登领导阶梯。

不要满足于乏味的工作生活

我们采访的女性一致热爱她们的角色。是激情，帮助她们在遇到障碍时迎难而上。是激情，帮助她们解决复杂的挑战。

一位女性领导者指出："当我快乐地工作时，生活中的一切都哼起了歌。"

她们也谈到如何让工作"连接到重要目标""建立价值取向"，以及最终选择一个你想投入精力的工作和事业等的重要性。

就像某位女性表示的:“我真的完全相信，如果你喜欢你所做的事，你的表现会更好，你也会获得更大的成功。”

当你找到你的激情，你就可以激发出你和团队更高的业绩水平。

吃一堑，长一智

知道并了解什么对你很重要，清楚自己想要达到的目标。但是，不要害怕失败。

我们的一位女性高层领导说:“成功是指你实现了你想做什么，不是为了争名夺利，而是更侧重于你所做事情的丰富性。换言之，失败并非满盘皆输，它是一种学习。”

而且，失败让我们可以重新调整内部报告单列出的个人优势，同时了解自己的短板。失败常常被描述为领导者进行创新和真正突破的关键时刻。[11]

我们采访的女性高管总会指导他人不要错过反思、自觉和学习的机会。比如有人可能会说:“你需要了解自己并知道什么合适你，而不是组织认为什么适合你。”

另一位领导则指出:“如果你能想出办法克服困难，所有的障碍都会成为实现更重要事情的垫脚石。”

寻找那些比你自己还要相信你的人

早前提出的反思导师制的意见，在座谈小组的女性高层中产生共鸣。导师和赞助者会给你提供见解、指导和建议，甚至让你思考未曾遇到的挑战。

“和这些人会面，并在组织中持续与他们碰头。”

因为如果你选对了人，他们会在你最需要的时候成为你的后盾。

除了组织的资源，这些成功的高层女性领导者还拥有工作以外的支持系统。很多人告诉我们，与朋友家人的人际关系很重要，这种心照不宣的支持无须太多的确认，但是对缓冲工作的紧张压力有着巨大的价值。对她们大多数人来说，成功的定义是能够平衡工作和生活的优先项，因为能为你工作之外的生活指明方向。我现在认识到我个人成功的秘诀是，拥有一个强大的女性朋友核心小组，她们是我的执行顾问委员会。我们总是相互鼓励，或者一起解决出现的重大生活问题。所以，我鼓励你找到自己的闺蜜团并依靠她们。

展现你的价值，脱颖而出

回想一下我的起床号。你有过自己的起床号吗？我希望你能听取我的建议，表明自己的态度。一定要展示成果，让它们引人注目。要记住，做好一份工作并不取决于你花了多长时间，而是你交付的成果。

“赢得尊重并做好工作，会让你前程远大。”

麦当娜式的流行

你的“提前思考”练习揭示了什么？你是缩到角落，还是大步走进会议室，表现出准备承担责任的样子？给你一个挑战：集中精力想想你内心的摇滚巨星——麦当娜。麦当娜（和所有类型的表演者）掌握的一个才能是，满怀信心牢牢抓住整个舞台。他们是生来如此，还是后天开发了这项技能？他们展现给观众的自信很可能是一天天沉淀下来的。作为年轻歌手，麦当娜内心极可能也很害怕，但她没有让这些情绪暴露出来。即使是表演经验超过 30 年的麦当娜仍然坦言自己出演前会感到紧张。可无论如何，她做到了，并不断接受新的挑战（比如参加超级碗的中场表演）。[12]

> 当你感到羡慕嫉妒时，问问自己当初为什么没有放手一搏。

但这个建议不只适用于摇滚明星。披上无畏的斗篷，给自己打气，落马后又重新上马的韧性，这些都是女性领导者往上攀登所具备的关键品质。实际上，有位精明的领导者在女性对下一次机会打退堂鼓时提出了以下建议：“当你感到羡慕嫉妒时，问问自己当初为什么没有放手一搏。”

我们怎样成为麦当娜那样的人物？好吧，这有点像作弊，但很管用。如果你在一个重要会议或谈话前摆出一副强大的姿态，你会觉得更有自信。鼓鼓劲儿！每次会议就是一个机会。加入那 8% 的女性高管行列吧，她们都是摆出强势姿态来参加会议的。[13]

像个女孩一样的领导

2014年，一段新视频将短语“像个女孩一样”重新定义为强大而有力。这是宝洁公司旗下女性卫生品牌护舒宝（Always）“像个女孩”大型活动的一部分。视频中，各年龄段的男性、女性被要求描述他们认为的“像个女孩”是什么样子，其结果让人难堪。挥舞双手或拨动头发，参与者假装像个女孩那样跑步或扔东西。每个人，除了小女孩外，大家都认为“像个女孩”是一件丢脸的事。然而，年轻女孩们展示了意志坚强的运动动作。

> 女人像茶包，你不把她浸在热水中，就永远不知道她有多强。
>
> ——埃莉诺·罗斯福

所以最后要说的是，我们已经证实，有更多女性的组织在经济上一直表现更出色。也就是说，“像个女孩”感觉挺好。或许，你并不需要给自己吹起床号，但我希望我们以及向你分享真知灼见的高层领导，能激发你去试一试，找一位导师，摆一个姿态，就像麦当娜在她的时尚视频中那样。别人会认为你是有备而来，可靠又自信。反过来，你也能构建内在的信心，全力以赴、孜孜不倦，偶尔会失败，却一直在学习和成长。

我们对我们的家庭和社会负有
责任：回报他人，并在工作
以外的日常生活中使用我们的领导技能

第 22 章

领导力改变世界

不同的是你自己

在撰写这本书的过程中，我们分别和共同花了很多时间思考当今的领导力对人们意味着什么。我们相信，我们已经用事实证明领导力发展的背后存在深奥的学问。但我们希望你也能花点儿时间，庆祝你在追求领导事业时从事的最深刻的人性部分：帮助自己和他人成长。这种成长会让所有参与者取得成功，包括你的企业和你的客户。即使你的行业陷入动荡，或是遇到经济低迷时期，你的领导技能也会有助于你的事业发展。

在某个时候，你可能开始意识到一个不同的你正在形成：一个对未来更确定、对身边的人有更深刻认识并与他们保持着联络的你。这表明你的领导话语逐渐强大了。使用它！尽量多用用你心里的麦克风。这对于你，对于你的公司，对于整个世界都大有益处。

在你实施40或50个（好吧，60个）小时后，你就会发现领导技能的价值。还记得第8章里我们分享的故事吗？那位领导者使用谈论计划作为情感线路图，完成了他和儿子之间的艰难谈话。这就是领导者声音在他的家庭掀起的改变。泰茜则喜欢一位新领导分享给她的故事。就在培训结束后，他回到家时发现妻子在哭泣，因为她突然丢了工作。做出行动之前，他选择了倾听，然后问一些问题。在给予拥抱和递上纸巾时，他使用基本原则帮助她走出困境并过渡到下一阶段。最精彩的部分吗？他告诉泰茜："她问我，'培训时发生了什么？你回家后像变了个人！'"可能是吧。或者是当他爱的人需要他的时候，领导力的新技能让他变得更加真诚了。

在DDI，我们把领导力看作一种为他人考虑胜过为自己考虑的服务。我们相信，我们对自己的家庭和团体负有责任：回报他人，并在工作以外的日常生活中使用我们的领导技能。DDI已经制订了一个计划，所有的合伙人都可以花一天时间，在我们的社会上分享领导技能的科学性。已经有伙伴把基本原则带到了他们孩子的学校。（想想专横教育的力量，自以为是的青少年如何维持自尊，运用同理心并融入集体！）也有人用来帮助女性重回工作岗位并磨炼她们的演讲技巧。我们的伙伴能够协助"为马来西亚而教"的项目，这是一个非营利性教育机构，培训教师在马来西亚最贫困的社区提供教育，通过训练她们世界级的面试技巧，从而减少教师的人员流动。在培训之前，如果因为某个错误的聘雇决定而导致教师离职，学生们会长达六周没有老师上课。随着风险的增加，领导技能成为改变规则的工具。我们相信你会找到运用技能的方法，使自己的事业和人际关系变得更加美好。

为了更深入了解人们如何运用我们的科学美化世界，以及你也可以怎么做，请到我们的网站阅读免费电子书《火花》！在里面你会找到一些像你这样的领导者的真实故事，看看他们如何以鼓舞人心和出人意料的方式做出改变。

把领导力视为一份职业（兼反思）

所以，鉴于我们和你分享的全部领导力精髓，为什么领导力就不能是一种职业呢？

> 一旦有个人凝视着岩石堆，想象着它是个大教堂时，岩石堆就不再是岩石堆了。
>
> ——安东尼·德·圣-埃克苏佩里，《小王子》

举个例子阐明我们的意思。参加过国际旅行的人会很熟悉过境检查时要完整填写的出入境卡。在近期一次海外旅行中，泰茜和她身边的旅客聊了起来。对方是一家全球矿业公司的领导者。他们交谈时，泰茜分享了DDI和她在领导领域的工作。那个男人问了她一个问题：那你在离境卡的职业类别上写什么？他适当（并委婉地）为难了她。当然，

“领导者”可不是答案。（答案是，人力资源顾问。）

为什么？

睿奇在最近的博客中表达了类似想法：领导力是时候被看作一种真正的职业了。在文章中他想到的是，他环游世界30多年，从没有人向他介绍自己是领导者。他提了若干关键问题。领导者担任角色是因为他们被指定去担任还是他们自己想担任？他们热衷于发动员工，推动组织变化，或成为企业文化的积极榜样吗？领导者是否停下来想想他们代表了什么，以及别人怎样看待他们的指导、支持、信心和成长的？

我们以一项挑战结束本书：当人们询问你做什么工作时，告诉他们你是领导者。

所以，现在该反思了。你属于什么样的情况？

我们相信，假如领导力被视为一个真正的职业，对组织、组织里的人们以及整个世界的影响都将是巨大的。所以，我们以一项挑战结束本书：当人们询问你做什么工作时，告诉他们你是领导者。

我们认为，领导力是一门艺术，它专注于奉献时间、注意力和自我意识，从而不断完善——和厨师、艺术家或外科医生没有什么不同。当你成为领导者，无论你的级别或行业如何，它都是你的职业。我们相信你有义务投入时间和精力争当最好的领导者。

后 记

终于，你的课程就要完成了！但是别担心，我们还会继续指导你。我们创建了一个内容丰富的网站，上面有多到让你应接不暇的研究，以及提示、工具、视频乃至模拟，这些将帮助你练习新学的领导技能。

网站还包括三个附录和一份有用的清单：

改变：所有事都跟人有关

毫不奇怪，70%的职场变革都会失败。我们将帮助你把阻力转化为承诺，并激励团队成员承担变革。它还可以帮助你创建一个灵活的工作环境，让人们更加乐于改变。

创新：尽早并经常准备好失败

寻找崭新或创造性解决方案肯定得承受巨大的压力。为了推动文化创新，你需要推动你和你团队成员的思维。我们将推动你使用提示和技术以产生思路，并为你的组织增加价值。

你的下一个职业选择与下一次冒险：反思、设想、投入这里涉及你对自己的发现以及使用它来探索职业选择，确定你未来的方向——是向上、跨越，还是丰富当前角色。

新领导者清单：你的前 6 个月导航

这份易于使用的逐月清单能帮助你成功完成你的过渡阶段。它能唤起重要的管理活动，为你和你的团队建议发展型活动，指出你应该向上司澄清的方面，为创建最佳的文化或社会环境提供意见。

请务必收藏网站，并在你的领导旅程中经常登录：

www.YourFirstLeadershipJob.com

致 谢

我们（睿奇和泰茜）感谢那些帮助我们塑造愿景，将该书所写内容变为现实的人。感谢来自26个国家的成千上万名领导者，他们一直使用DDI的教程，力争成为催化剂型领导者。他们的行动激励了自己、他们的团队和公司，并且他们是DDI 的代言人，我们很激动能带来这个影响。我们也要感谢20000多名培训师，他们成了DDI互动技能的认证讲师、资深导师和大使。你们都是专家，是我们的英雄。

感谢他们的故事、他们的精神和他们的激情，把我们带到了我们从未想到过的境界。

感谢他们前一年适当的评论、见解、编辑和修改，我们要特别鸣谢：

艾伦·麦吉尔特，我们的幕后编辑，帮我们将人力资源经理的演讲转换成可读的故事。我们在这个过程中得到了成长。艾伦，你鼓励的声音一直在我们写作时回响。

吉姆·科尔曼，他为我们精通掌握与领导力技能章节的每一个单一能力发展技能提供了内容指导。感谢你成为我们基层领导人的指路明灯。

感谢多个在DDI 超过4年的教学设计师、产品经理和顾问，感谢他们的洞察力，和为基层领导人的发展创建的DDI 学习体系。

妮基·黛亚克，感谢她对书中的社会媒体方面做出评论和指导，感谢她创造了“像个女孩”，这是泰茜新的座右铭。

鲍勃·罗杰斯和比尔·白翰姆对每一章都进行了评论和支持。感谢你们有针对性的反馈，增强并维持了我们的自尊。

埃文·金光和亚伦·斯蒂芬，感谢你们的领导力分析和数据/研究，让我们的数据库更加丰富。

吉尔·乔治、斯蒂芬妮·莫里斯、吉姆·科尔曼、安娜玛丽·朗、妮基·黛亚克，感谢你们在新领导清单中分享智慧。

约翰·韦尔东，基本原则和互动精要的教学领袖，感谢你脚踏实地的作风，为我们塑造了基础章节。

妮基·黛亚克（再一次的，我们让她很忙碌！）和布莱德·托马斯，感谢你们为麻烦员工的漫画做了描述和图解。

南希·高丽诺和桑迪·伊比，感谢你们让我们走上正轨。没有你们，我们可能已经失败了，相信睿奇也会陷入困境。

比尔·普劳德夫特，敏锐的编辑。感谢上帝，在本书最终出版前你是“minkey”的专家。

史蒂西·因凡托兹，感谢你出色的布局和排版。我们为本书能拥有你这么具有天赋的人深感荣幸。同样，也感谢帕特里斯·安德烈斯和丽莎·韦安特的绘画支持。

利兹·霍根和伊莱恩·巴德齐尔，感谢你们让我们的引用保持正当而无可指责。

睿奇·纳兰摩尔，我们在Wiley出版公司的编辑，感谢你的支持和指导。

最后，感谢我们本书中采访的全球领导人。感谢你们慷慨地分享自己的人生故事和领导力挑战：亚历克斯·巴德诺赫、乔·伯根、凯茜·博伊斯科、T. J.凯里、加夫·卡斯、梅布尔·钱、希拉里·克罗、迈克尔·戴利、路易斯·多伊尔、凯特·伊斯顿、菲奥娜·弗莱明、帕特里夏·福赛思、米歇尔·吉布森、科琳·哈里斯、贾森·亨宁森、祖德·赫林斯、克里斯琴·兰、斯蒂芬·李、乔伊·林顿、扬柳、特里沙·麦克尤恩、克里斯蒂娜·麦克洛克林、凯西·马诺利斯、海伦·纽沃尔、利安娜·普伦蒂、科尔斯提·施耐德、钱石、特里沙·昂温。

关于DDI

我们是谁：Development Dimensions International，简称 DDI，中文名为智睿企业咨询，是全球顶尖的人才管理咨询公司。46 年前，我们是领导力领域的拓荒者，今天，我们依然是业内创新的领航人。

我们做什么：我们致力于帮助企业创新及提升招聘、晋升及培育领导者和员工的方式。成果如何体现？员工能够促成、了解并执行业务决策，解决迎面而来的挑战。

我们如何做：如果您曾敬佩或赞叹公司某位领导如何快速地栽培新人，那么您的公司很可能正在体验DDI的服务。通常，我们在幕后工作，设计客户能够自行开展的定制培训或评鉴。有时候，我们也走到台前，帮助客户推动组织内的重大变革。唯一不变的是：我们总是采用基于科学研究并历经时间检验的最前沿方法。

我们对谁做：我们的客户是全球最成功的企业，是在各行各业位列《财富》500强企业及跨国公司、中国的领先企业开展业务，分布于欧洲、美洲、亚洲等全球各地。我们通过全球42个紧密联系的分支机构为客户提供服务。

我们为什么这么做：我们所传授的原则和技能不仅能使人们成为优秀的员工，还能提升人类幸福感和成就感的核心力量——使人成为更好的家人、更好的邻居、更好的朋友。

注　释

第一部分　催化剂型领导力

第1章　现在你是一位领导者了

1. Matt Paese and Simon Mitchell, *Leaders in Transition: Stepping Up, Not Off* (Pittsburgh: Development Dimensions International, 2007).

第2章　你是老板还是催化剂

1. Pete Weaver and Simon Mitchell, *Lessons for Leaders from the People Who Matter,* Trend Research (Pittsburgh: Development Dimensions International, 2012), 12.

2. Ibid., 14.

第3章　为领导力转型导航

1. Evan Sinar and Matt Paese, *Leaders in Transition: Progressing along a Precarious Path* (Pittsburgh: Development Dimensions International, 2014), 10–11.

2. Ibid., 5.

3. Ibid., 7.

第4章 领导力品牌 I

1. Morgan W. McCall, "Identifying Leadership Potential in Future International Executives: Developing a Concept," *Consulting Psychology Journal: Practice and Research* 46, no. 1 (1994): 49–63, doi:10.1037//1061-4087.46.1.49; Morgan W. McCall, *High Flyers: Developing the Next Generation of Leaders* (Boston: Harvard Business School Press, 1998); Jim Collins, "Level 5 Leadership," *Harvard Business Review* 79, no. 1 (January 2001): 66–76; Doug Bray and Ann Howard, "The AT&T Longitudinal Studies of Managers," in *Longitudinal Studies of Adult Psychological Development,* ed. Klaus Warner Schaie (New York: Guilford Press, 1983); Brent Roberts and Robert Hogan, *Personality Psychology in the Workplace* (Washington, DC: American Psychological Association, 2001).

2. Ursula Burns, interviewed by Ellen McGirt, *Fast Company,* New York, November 19, 2011.

3. Jim Collins, *Good to Great: Why Some Companies Make the Leap—and Others Don't* (New York: HarperBusiness, 2001).

第5章 领导力品牌 II

1.Douglas McGregor, *The Human Side of Enterprise* (New York: McGraw-Hill, 1960).

2. "Top 10 Business Bestsellers of the Decade," *Hartford Courant*, January 10, 2000.

3. William C. Byham and Jeff Cox, *Zapp!® The Lightning of Empowerment: How to Improve Productivity, Quality, and Employee Satisfaction* (New York: Harmony Books, 1988/1991).

4. Mary L. Tracy and Matt Paese, "Two Perspectives on Identifying

Potential," *DDI GO Magazine*, Spring 2005, 22.

5. Morgan W. McCall, "Identifying Leadership Potential in Future International Executives: Developing a Concept," *Consulting Psychology Journal: Practice and Research* 46, no. 1 (1994): 49–63, doi:10.1037//1061-4087.46.1.49; Morgan W. McCall, *High Flyers: Developing the Next Generation of Leaders* (Boston: Harvard Business School Press, 1998); Jim Collins, "Level 5 Leadership," *Harvard Business Review* 79, no. 1 (January 2001): 66–76; Brent Roberts and Robert Hogan, *Personality Psychology in the Workplace* (Washington, DC: American Psychological Association, 2001); Doug Bray and Ann Howard, "The AT&T Longitudinal Studies of Managers," in *Longitudinal Studies of Adult Psychological Development*, ed. Klaus Warner Schaie (New York: Guilford Press, 1983).

6. Mary L. Tracy and Matt Paese, "Two Perspectives on Identifying Potential," *DDI GO Magazine,* Spring 2005, 22–23.

7. John Zenger and Joseph Folkman, "Feedback—You Need It, Your Employees Want It!" *Zenger Folkman's Monthly Webinar Series,* webinar, February 20, 2014, slide 8.

8. Ibid., slide 13.

第6章 领导力是一种互动 I

1. Eric Matson and Laurence Prusak, "Boosting the Productivity of Knowledge Workers," *McKinsey Quarterly,* September 2010.

2. A. H. Maslow, "A Theory of Human Motivation," *Psychological Review* 50, no. 4 (1943): 370–396.

3. "It's Better to Give Than to Receive, Even If We Don't Realise It," *PR Newswire US*, November 5, 2014, *Business Source Corporate Plus*,

EBSCO*host* (accessed December 9, 2014); Katherine Nelson et al., "'It's up to You': Experimentally Manipulated Autonomy Support for Prosocial Behavior Improves Well-Being in Two Cultures over Six Weeks," *The Journal of Positive Psychology* (in press); Sonja Lyubomirsky, *The How of Happiness: A New Approach to Getting the Life You Want* (New York: Penguin Press, 2008); Stephanie L. Brown et al., "Providing Social Support May Be More Beneficial Than Receiving It: Results from a Prospective Study of Mortality," *Psychological Science* (Wiley-Blackwell) 14, no. 4 (July 2003): 320–327, *Business Source Corporate Plus*, EBSCO*host* (accessed December 14, 2014).

4. Steven Stowell, "Coaching: A Commitment to Leadership," *Training & Development Journal* 42, no. 6 (1988): 34.

5. Akira Ikemi and Shinya Kubota, "Humanistic Psychology in Japanese Corporations: Listening and the Small Steps of Change," *Journal of Humanistic Psychology* 36, no. 1 (Winter 1996): 104–121.

6. Marcus Cauchi, "The 70/30 Rule: Which Side Are You?" *Paul Simister's Business Coaching Blog* (blog), October 8, 2008, http://businesscoaching.typepad.com/; Neil Rackham and Terry Morgan, *Behaviour Analysis in Training* (London: McGraw-Hill, 1977).

7. Development Dimensions International, "Manager Ready Behavior Performance," accessed September 24, 2014, Manager Ready database.

8. Mark Busine et al., *Driving Workplace Performance through High-Quality Conversations* (Pittsburgh: Development Dimensions International, 2013), 9.

第7章 领导力是一种互动 II

1. Neil Rackham, *SPIN Selling* (New York: McGraw-Hill, 1988); Neil

Rackham, *Major Account Sales Strategy* (New York: McGraw-Hill, 1989).

2. William Oncken Jr. and Donald L. Wass, "Management Time: Who's Got the Monkey?" *Harvard Business Review* 52, no. 6 (November 1974): 75.

3. Pete Weaver and Simon Mitchell, *Lessons for Leaders from the People Who Matter: How Employees around the World View Their Leaders* (Pittsburgh: Development Dimensions International, 2012).

第 8 章 五步对话路线图

1. Development Dimensions International, "Manager Ready Behavior Performance," accessed September 24, 2014, Manager Ready database.

2. Malcolm Gladwell, *Outliers: The Story of Success* (New York: Little, Brown and Co., 2008).

3. Daniel Goleman, *Emotional Intelligence: Why it Can Matter More Than IQ* (New York: Bantam Books, 2005).

第 9 章 收效良好比什么都重要

1. Tim Maly, "Should You Send That Email? Here's a Flowchart for Deciding," *Fast Company,* February 22, 2012, www.fastcodesign.com/1669094/should-you-send-that-email-heres-aflowchart-for-deciding.

第二部分 精通掌握与领导力技能

第 10 章 遴选最佳人才

1. Peter F. Drucker, "How to Make People Decisions," *Harvard Business Review* 63, no. 4 (July 1985): 22–25.

2. Brad Remillard, "What Are the Total Costs of a Bad Hire?" *IMPACT Hiring Solutions* (blog), 2010, www.impacthiringsolutions.com/blog/what-are-the-total-costs-of-a-bad-hire/.

3. Scott Erker and Kelli Buczynski, *Are You Failing The Interview?* (Pittsburgh: Development Dimensions International, 2009), 4, 9.

4. Tom Janz et al., *Behavior Description Interviewing: New, Accurate, Cost Effective* (Upper Saddle River, NJ: Prentice Hall, 1985); Robert W. Eder and Gerald R. Ferris, *The Employment Interview: Theory, Research, and Practice* (Newbury Park, CA: SAGE Publications, 1989).

5. Erker and Buczynski, *Are You Failing The Interview?,* 13–14.

第 11 章　老板真正想从你身上获得什么

1. Richard Wellins et al., *Be Better Than Average: A Study on the State of Frontline Leadership*, Trend Research (Pittsburgh: Development Dimensions International, 2013), 3.

2. Tom Rath and James K. Harter, *Wellbeing: The Five Essential Elements* (New York: Gallup Press, 2010), 133.

3. Anna Nyberg et al., "Managerial Leadership and Ischaemic Heart Disease among Employees: The Swedish WOLF Study," *Occupational and Environmental Medicine* 66, no. 1 (2009): 51–55.

4. Steve Arneson, "Introduction" in *What Your Boss Really Wants from You: 15 Insights to Improve Your Relationship* (San Francisco: Berrett-Koehler Publishers, 2014), OverDrive Read.

第 12 章　敬业度与人才留任

1. Gallup Consulting, *State of the Global Workplace: A Worldwide Study*

of Employee Engagement and Wellbeing, Trend Research (Washington, DC: Gallup Consulting, 2013), 99.

2. Richard S. Wellins et al., *Employee Engagement: The Key to Realizing Competitive Advantage,* Monograph (Pittsburgh: Development Dimensions International, 2011).

3. Mark C. Crowley, "The Sharp Drop-Off in Worker Happiness—and What Your Company Can Do about It," *Leadership* (blog), April 30, 2012, www.fastcompany.com/1835578/sharp-dropworker-happiness-and-what-your-company-can-do-about-it.

4. Randall Beck and Jim Harter, "To Win with Natural Talent, Go for Additive Effects," *Gallup Business Journal,* June 2014, 1, *Business Source Corporate Plus,* EBSCO*host* (accessed December 19, 2014).

5. Jennifer Robison, "Turning around Employee Turnover: Costly Churn Can Be Reduced If Managers Know What to Look for—and They Usually Don't," *Gallup Management Journal Online,* May 8, 2008, 1–6, *Business Source Corporate Plus*, EBSCO*host* (accessed December 19, 2014).

第13章 会议

1. "Wasted Time in Meetings Costs the UK Economy £26 Billion," *Business Matters Magazine* (May 20, 2012), www.bmmagazine.co.uk/in-business/6795/wasted-time-in-meetings-costs-theuk-economy-26-billion/.

2. Patrick R. Laughlin et al., "Groups Perform Better Than the Best Individuals on Letters-to-Numbers Problems: Effects of Group Size," *Journal of Personality & Social Psychology* 90, no. 4 (April 2006): 644–651; Gary Charness and Matthias Sutter, "Groups Make Better Self-Interested Decisions," *Journal of Economic Perspectives* 26, no. 3 (Summer 2012):

157–176; M. E. Shaw, "Comparison of Individuals and Small Groups in the Rational Solution of Complex Problems," *American Journal of Psychology* 44 (July 1932); D. W. Taylor and W. L. Faust, "Twenty Questions: Efficiency in Problem-Solving as a Function of Size of Group," *Journal of Experimental Psychology*, 44 (November 1952); G. B. Watson, "Do Groups Think More Efficiently than Individuals?" *Journal of Abnormal and Social Psychology*, 23 (October 1928).

第14章 指导

1. Pete Weaver and Simon Mitchell, *Lessons for Leaders from the People Who Matter,* Trend Research (Pittsburgh: Development Dimensions International, 2012), 9.

第15章 反馈的基本要素

1. Jack Welch 2003 presentation, The Conference Board, New York.

2. Evan Sinar and Matt Paese, *Leaders in Transition: Progressing along a Precarious Path* (Pittsburgh: Development Dimensions International, 2014), 7.

3. James Clevenger, "The SOP for Workplace Interactions," *Talent Management Intelligence* (blog), August 8, 2014, www.ddiworld.com/blog/tmi/august-2014/the-sop-for-workplaceinteractions; James Clevenger, "Guidance from Above: The Manager's Role in Driving Lean," *Talent Management Intelligence* (blog), November 19, 2014, www.ddiworld.com/blog/tmi/november-2014/the-managers-role-in-driving-lean.; James Clevenger, "Eliminating the 9th Formof Waste," *Talent Management Intelligence* (blog), July 23, 2014, www.ddiworld.com/blog/tmi/july-2014/eliminating-the-9th-form-of-waste.

4. Adecco, *2013 State of the Economy and Employment Survey* (Melville, NY: Adecco Employment Services, 2013).

5. Accenture, *How Leading Manufacturers Thrive in a World of Ongoing Volatility and Uncertainty* (Chicago: Accenture Inc.), 20.

第17章 授权

1. Development Dimensions International, "Leadership Mirror Performance Ratings," accessed December 10, 2014, Leadership Mirror database.

2. Development Dimensions International, "Manager Ready Behavior Performance," accessed September 24, 2014, Manager Ready database.

第18章 绩效管理

1. David Rock, "SCARF: A Brain-Based Model for Collaborating with and Influencing Others," *NeuroLeadership Journal* no. 1 (2008), www.your-brain-at-work.com/files/NLJ_SCARFUS.pdf.

第19章 你和你的人脉网络

1. Daniel Hallak, "Five Networks to Accelerate Your Career," *TD: Talent Development* 68, no. 10 (October 2014): 104–105.

第21章 女性的第一份领导工作

1. Joanna Barsh and Lareina Yee, *Unlocking the Full Potential of Women at Work* (New York: McKinsey & Company, 2011), 3.

2. Catalyst, *Catalyst Census: Fortune 500 Appendix 1—Methodology*, Catalyst Census (New York: Catalyst, 2013).

3. DDI and The Conference Board, *Ready-Now Leaders: Meeting*

Tomorrow's Business Challenges, Global Leadership Forecast (Pittsburgh: Development Dimensions International, 2014), 40.

4. Georges Desvaux et al., "A business case for women," *The McKinsey Quarterly* no. 4 (2008): 26–33.

5. DDI and The Conference Board, *Ready-Now Leaders: Meeting Tomorrow's Business Challenges, Global Leadership Forecast* (Pittsburgh: Development Dimensions International, 2014), 41.

6. Katty Kay and Claire Shipman, *The Confidence Code: The Science and Art of Self-Assurance—What Women Should Know* (New York: HarperBusiness, 2014).

7. Tara Mohr, "Why Women Don't Apply for Jobs Unless They're 100% Qualified," *Harvard Business Review,* last modified 2014, accessed December 17, 2014, https://hbr.org/2014/08/why-women-dont-apply-for-jobs-unless-theyre-100-qualified.

8. Stephanie Neal et al., *Women as Mentors: Does She or Doesn't She? A Global Study of Businesswomen and Mentoring* (Pittsburgh: Development Dimensions International, 2013), 7.

9. "Work & Money," *Real Simple,* September 01, 2014, 196, 198.

10. Sheryl Sandberg, "It's a Jungle Gym, Not a Ladder" in *Lean in: Women, Work, and the Will to Lead* (New York: Knopf, 2013), OverDrive Read.

11. "Failure Issue," *Harvard Business Review* 89, no. 4 (2011).

12. "Madonna Is 'So Nervous' about Super Bowl Performance," *People.com,* last modified 2014, accessed December 17, 2014, www.people.com/people/article/0,,20565802,00.html.

13. "Work & Money," *Real Simple*, September 01, 2014, 198.